本书获福建教育学院学术著作基金资助

福建省中小学师资队伍建设研究报告

余建辉　主编

厦门大学出版社　XIAMEN UNIVERSITY PRESS

国家一级出版社

全国百佳图书出版单位

序

王豫生

由福建教育学院院长余建辉主编的《福建省中小学教师队伍建设研究》一书正式出版,这是加强我省教师队伍建设取得的又一丰硕成果,令人欣喜和振奋。

福建省委、省政府高度重视中小学教师队伍建设,始终把加强教师队伍建设作为福建省教育改革发展的战略重点,予以大力推进。2008 年,省政府出台《关于进一步加强中小学教师队伍建设的意见》,在加强中小学教师队伍建设方面提出一系列突破性的政策措施,在全国引起热烈反响。为贯彻落实中央和省政府关于加强中小学教师队伍的决策部署,全面了解我省中小学教师、校长队伍建设和教师培训工作现状,谋划新时期全省中小学教师、校长队伍建设新思路、新举措,2012 年,福建省教育厅委托福建教育学院开展福建省中小学校长队伍发展、福建省中小学教师队伍及培训体系、福建省中小学教师职业道德建设、福建省县级教师进修学校建设四个课题研究,为上级教育主管部门提供决策参考,为提高培训质量服务。

近几年来,福建教育学院以培训中小学校长、教师为主业,以为基础教育改革发展服务为己任,以"三刊两网"(福建基础教育研究、福建教育学院学报、基础教育瞭望,福建教育学院网、福建基础教育网)、"三所三中心"(闽派特色教育研究所、基础教育质量评估研究所、台湾基础教育研究所和基础教育考试研究中心、学校德育研究指导中心、学校心理健康教育指导中心)两个系列平台为抓手,积极推进研训一体,努力以高质量的科研支撑高质量的培训,取得良好成效。学院先后承担了省基础教育改革发展项目咨询指导、省学校德育研究与指导、省心理健康教育研究与指导、基础教育发展基本均衡满意度调查等专项咨询指导任务,承担了省领导和省教育厅委托的中小学生课业负担、福建省民族教育、中小学教师心理健康、我省农村中小学布局调整、社会教育培训机构规范化管理等专项调研任务,并形成调研报告报送省教育厅,多次受到省领导和省教育厅领导的重视并作了批示。为完成好此次省教育厅委托的四个课题研究任务,福建教育学院积极申报并获批福建省 2012 年社科规划研究课题,由赵素文书记、余建辉院长、黄家骅副院长、郭春芳副院长分别作为课题负责人,组织学院教师和教师进修学院教师成立专题课题组,在广泛调研的基础上,完成课题研究任务,分别形成《福建省县级教师进修学校建设研究报告》、《福建省中小学教师职业道德建设调研报告》、《福建省中小学校长队伍发展研究报告》、《福建省中小学教师队伍及培训体系研究报告》等四个报告,对贯彻落实我省中长期教育改革和发展规划,加强我省中小学教师、校长队伍建设、师德建设、教师进修院校建设等,具有重要参考价值。

党的十八届三中全会通过了《中共中央关于全面深化改革若干重大问题的决定》,对深化教育领域综合改革作出了总体部署。加强我省中小学教师队伍建设,提升中小学教师和校长队伍素质,将面临着新的形势与新的挑战。祝愿福建教育学院以服务基础教育改革发展为己任,发挥中小学教师继续教育的政策研究咨询和业务指导中心作用,继续开展我省中小学校长教师培训模式研究、示范性县级教师进修学校建设研究、课程改革研究、教育教学质量提升研究、师德师风研究等,形成带有前瞻性、战略性研究成果,为省委省政府、省委教育工委省教育厅决策服务,为推动我省教育改革和发展事业做出更大的贡献。

乐以为序。

2015 年 7 月

目　录

第一部分

福建省中小学校长队伍发展研究报告

我国正处在从人口大国向人力资源强国转型的重要历史时期,中小学校长不仅是现代社会重要的人力资源,更是开发和提供优质人力资源的前提与基本保障。校长在学校发展、师资队伍建设中具有关键地位和核心作用。落实国家"优先发展教育、建设人力资源强国"的重要战略决策,促进基础教育均衡发展,全面实施素质教育,加强校长队伍的能力建设,培养高素质的专业化的中小学校长队伍,对办好每一所学校,培养高素质的人才,促进基础教育改革发展具有重大的现实意义。

一、中小学校长队伍发展概况

(一)队伍现状

1. 数量结构

表 1-1　福建省中小学学校领导数量结构　　　　　　　　　　单位:人

职务 地区	校长	副校长	书记	副书记	代校长	合计
独立高中	107	272	60	66	1	506
完全中学	372	929	215	245	5	1766
独立初中	1088	1856	486	354	15	3799
小学	1549	2700	662	304	5	5220
九年一贯制	97	200	22	26	0	345
十二年一贯制	7	17	6	1	0	31
合计	3220	5974	1451	996	26	11667

注:小学不包括农村完小和初小。

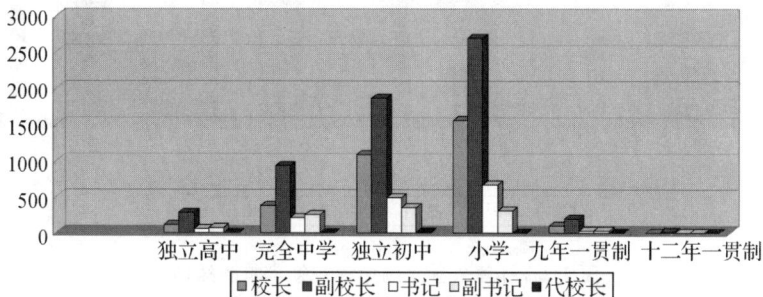

图 1-1　福建省中小学学校领导数量结构

2. 年龄结构

表 1-2 福建省中小学学校领导年龄结构   单位:百分比(%)

年龄	学校类别	校长	副校长	书记	副书记
40 岁以下	独立高中	0.96	1.83	8.33	4.92
	完全中学	4.59	15.47	5.58	15.94
	独立初中	15.4	26.84	10.98	16.6
	小学	18.61	29.47	11.97	23.68
41—50 岁	独立高中	56.73	71.32	45	67.21
	完全中学	68.92	69.28	68.37	72.91
	独立初中	71.96	64.19	70.24	66.79
	小学	60.49	55.98	56.56	53.29
51 岁以上	独立高中	42.31	26.85	46.67	27.87
	完全中学	26.49	15.25	26.05	11.15
	独立初中	12.64	8.97	18.78	16.61
	小学	20.90	14.55	31.47	23.03

注:学校类别中不包括九年一贯制和十二年一贯制学校。

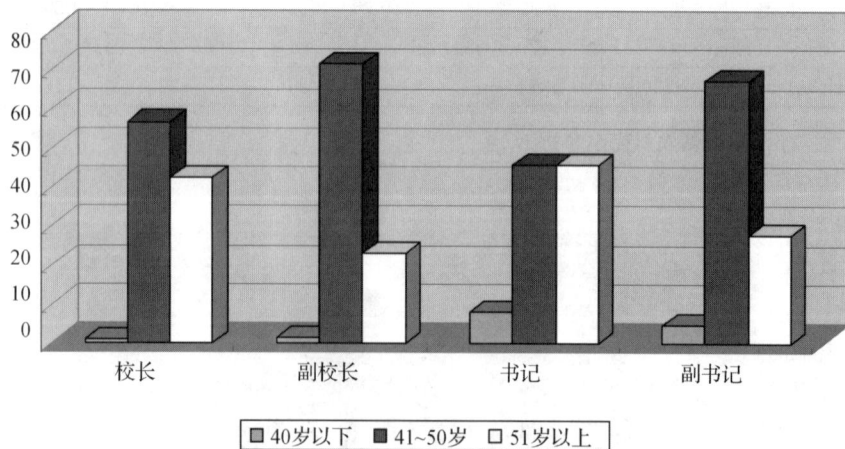

图 1-2 福建省独立高中学校领导年龄结构

单位：%

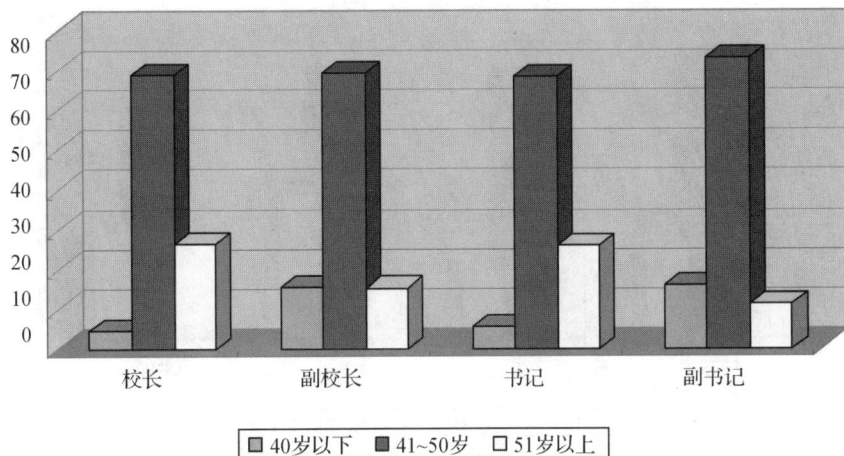

图 1-3 福建省完全中学学校领导年龄结构

单位：%

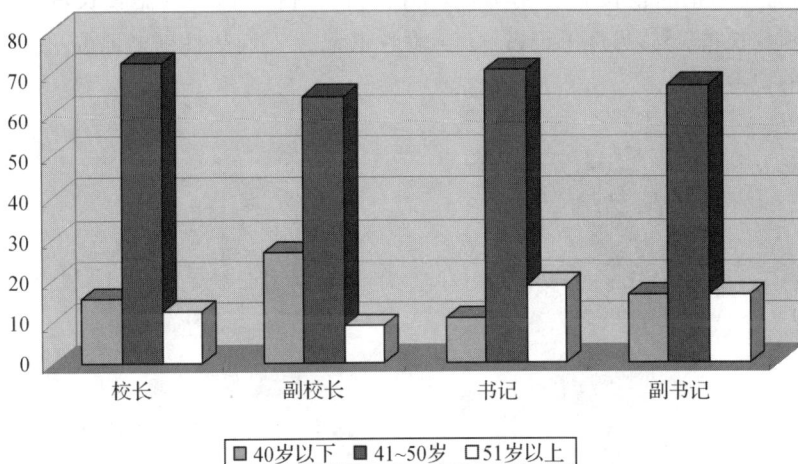

图 1-4 福建省独立初中学校领导年龄结构

单位：%

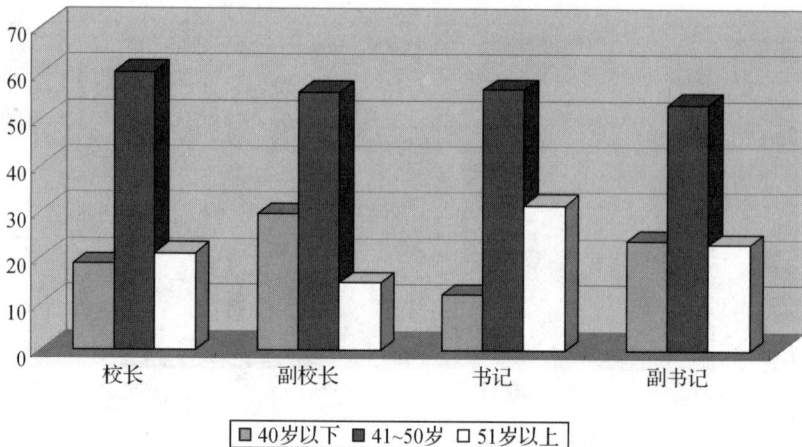

图 1-5　福建省小学学校领导年龄结构

3. 性别结构

（1）福建省独立高中学校领导性别结构为：男性占 92％，女性占 8％；其中，独立高中正职校长 97％为男性，女性校长仅占 3％；男性副校长占 93％，女性副校长占 7％；男性书记占 93％，女性书记占 7％；男性副书记占 80％，女性副书记占 20％。

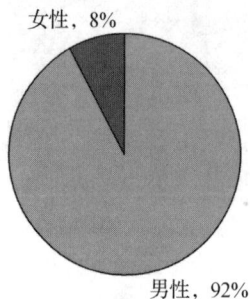

图 1-6　独立高中学校领导性别结构　　图 1-7　完全中学学校领导性别结构

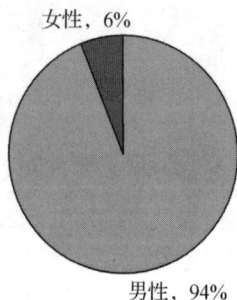

（2）福建省完全中学学校领导性别结构为：男性占 94％，女性占 6％；其中，完全中学正职校长 96％为男性，女性正职校长仅占 4％；男性副校长占 93％，女性副校长占 7％；男性书记占 93％，女性书记占 7％；男性副书记占 97％，女性副书记占 3％。

（3）福建省独立初中学校领导性别结构为：男性占 95％，女性占 5％；其中，正职校长 95％为男性，女性正职校长占 5％；男性副校长占 94％，女性副校长占 6％；男性书记占 97％，女性书记占 3％；男性副书记占 94％，女性副书记占 6％。

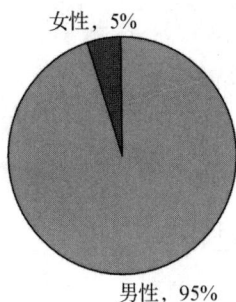

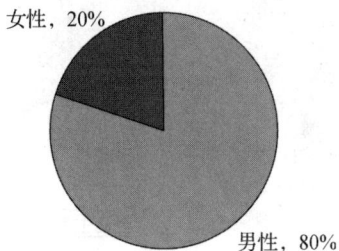

图 1-8　独立初中学校领导性别结构　　图 1-9　小学学校领导性别结构

（4）福建省小学领导性别结构为：男性占 80％，女性占 20％；其中，小学正职校长 84％为男性，女性正职校长占 16％；男性副校长占 76％，女性副校长占 24％；男性书记占 86％，女性书记占 14％；男性副书记占 81％，女性副书记占 19％。

4. 学历结构

表 1-3　福建省中小学学校领导学历结构　　　　　　单位：人

学校类别	研究生	本科	专科	专科及以下	合计
独立高中	35	456	14	0	505
完全中学	52	1566	148	0	1766
独立初中	22	3210	552	15	3799
小学	15	1689	3165	351	5220
九年一贯制	3	209	115	18	345
十二年一贯制	0	29	2	0	31
合计	127	7159	3996	384	11666
百分比	1.1	61.3	34.3	3.3	100

注：以上统计包括校长、副校长、书记、副书记，但不含代校长。

单位：人

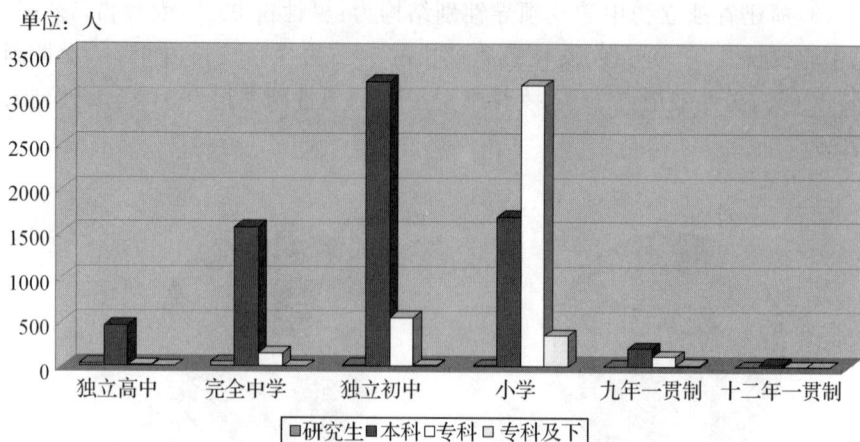

图 1-10　福建省中小学学校领导学历结构

(二)发展概况

1. 校长学历提升较快

福建省 2012 年具有本科及以上学历的独立高中校长占校长总数的 97.61%,具有本科及以上学历的完全中学校长占校长总数的 92.60%,具有本科及以上学历的独立初中校长占校长总数的 85.64%。与 2008 年相比较,中学校长学历达标率较高,但是,具有研究生学历的中学校长比例仅稍有提高,与全国先进地区相比较,研究生学历比例明显偏低。独立初中校长具有本科及以上学历的比例还需要进一步提升。福建省 2012 年具有本科及以上学历的小学校长占总数的 34.10%,具有专科学历的占 59.60%,具有专科以下学历的占 6.30%,与 2008 年相比较,小学校长学历提升较快。

2. 高职称比例不断增加

福建省独立高中 93.10% 的校长拥有高级职称,拥有特级教师荣誉称号的校长 23 人,副校长 17 人。86.70% 的完中校长拥有中学高级职称,拥有特级教师荣誉称号的正职校长 20 人,副校长 22 人。2008 年福建省 84.10% 的高完中校长拥有中学高级职称[①];2012 年与 2008 年相比较,拥有中学高级职

---

① 文章中 2008 年福建省中小学校长相关数据来源于全国中小学校长队伍情况普查中福建省的数据。

称的高完中校长比例不断上升。2012 年 71.30％的独立初中校长具有中学高级职称,2008 年 57.50％的独立初中校长具有中学高级职称,2012 年与 2008 年相比较,独立初中校长职称比例上升 13.80％。2012 年福建省 42.50％的小学校长(不含完小和初小)具有小学高级职称(含小中高),54.90％的小学校长具有小学一级职称。根据对 2012 年福建省 48 个县市区农村完小正职校长的调查,拥有高级职称的校长占总数的 28.00％,有小学一级职称的校长占总数的 63.20％。2012 年福建省九年一贯制学校有高级职称校长占总数的 61.80％;十二年一贯制有高级职称的校长占校长总数的 77.30％。2012 年与 2008 年相比较,九年一贯制和十二年一贯制校长拥有高级职称的比例上升较快。

3. 优秀校长不断涌现

福建省从 2006 年到 2012 年,每三年评选一批优秀中小学校长。2006 年评选福建省中小学优秀校长 97 名,2009 年评选 99 名,2012 年评选 100 名,共计评出 296 名优秀校长(包括中学、中职、小学和幼儿园)。(1)三次评选出中学优秀校长 116 名,占总数的 39％;其中,108 名为高(完)中校长,占中学优秀校长总数的 93％,其余 8 名为优秀初中(含农村初中)校长和九年一贯制学校校长。(2)三次评选出小学优秀校长 111 名,占总数的 38％;其中,名校和重点小学 67 名,占 60％,普通小学和农村中心小学 44 名,占 40％。2012 年农村中小学优秀校长评选人数有所增加。

4. 培训规模不断扩大

秉承为基础教育改革发展服务,为提升教师队伍素质服务,为海西经济特区建设服务的宗旨,福建教育学院积极发挥省级校长培训基地的引领、示范作用,打造全省中小学校长培训机构的公共服务平台,在共同研制培训方案,共享共用干训师资资源,共建共用中小学校长培训基地,共建共享网络信息资源平台,共同办好基础教育刊物,联手承接中小学校长培训业务,联合开展基础教育热点难点问题调查研究,共同实施人才强校战略,进一步推进了省、市、县三级教师培训机构形成合力等几个方面进行了有效合作。努力为中小学校长培训提供优质资源、优秀服务、优良环境,为共同促进我省基础教育又好又快发展做出了积极有益的探索。自 2007 年以来福建教育学院共培训中小学校长 13543 人(数据截止 2012 年 6 月),其中,省厅计划内培训 1676 人,农村中小学校长教育管理能力提升工程 815 人,各类专题培训 3123 人,与国家培训接轨项目的远程培训 7052 人,西部影子校长培训 91 人,省内外委托培训

786 人。福建教育学院为福建省乃至全国的中小学校长发展做出了应有的贡献。

5. 名校长培养步伐加快

2011 年 11 月 11 日福建省教育厅《关于实施福建省中小学名校长培养工程的通知》(闽教人〔2011〕97 号)和《关于开展中小学名校长培养人选和骨干校长遴选工作的通知》(闽教人〔2011〕99 号)文件颁发。(1)2012 年评选出福建省中小学名校长培养人选 96 人(不含幼儿园),其中,中学名校长培养人选 43 人,有研究生学历的占 20.9%,本科学历的占 79.1%。特级教师 2 人,高级职称 41 人。小学名校长培养人选本科及以上学历的占 60%,专科学历的占 40%。特级教师、小中高职称的占 77%,小学高级职称的占 21%。(2)2012 年评选出福建省第一批中小学骨干校长培养人选 211 人,其中,中学骨干校长培养人选 88 人,有研究生学历的校长占 13.6%,本科学历的校长占 86.4%。特级教师 2 人,高级职称 86 人。小学骨干校长培养人选 123 人,本科及以上学历的占 70%;小中高职称的占 41%,小学高级职称的占 59%。(3)2012 年 6 月 8 日福建省教育厅颁发《关于举行福建省中小学名校长培养工程启动仪式的通知》(闽教办人〔2012〕31 号)文件,并于 2012 年 6 月 13 日在福州举行福建省中小学名校长培养工程启动仪式,正式开展名校长培养工作,目前正准备结业。

6. 培训质量不断提升

福建教育学院制定了《培训质量建设工程实施意见》,积极推进中小学校长培训的规范化、标准化和精细化管理,大力加强中小学校长培训的训前准备、训中组织管理、训后延伸服务工作。建立领导听课评课制度,教师"岗位练兵"活动、培训质量定期分析制度。学院鼓励在职教师攻读博士学位、到中小学当挂职副校长,选派教师到国家教育行政学院、教育部重点师范大学或教育科研机构研修、访学、进行科研合作和参加学术会议,提高教师的学术水平和教学水平,以及校长培训的组织管理能力。学院还积极整合教育部人事司、师范司,国家中小学校长培训中心,省内外高校、教育学院、科研机构和优秀中小学校长作为兼职干训师资,进一步充实和完善了福建省中小学校长培训师资库和福建教育学院中小学校长培训实践基地库,运用天网、人网、地网开展干训,进一步提高课堂教学、专题研讨、专题考察和专题研究的实际效果。中小学校长培训质量不断提升,学员对培训内容、培训服务总体比较满意。

二、中小学校长队伍发展问题及分析

(一)尚未出台中小学校长专项管理制度

校长管理制度是一种通过有效地规范、约束和激励校长及利益相关主体的管理实践和控制行为,以实现教育人力资源的优化配置、以公平的政策环境和校长群体内部治理规范为特征的制度安排。它是一种外在制度,由教育行政部门接受政府的委托设计和确立的、并由教育行政部门依法强制执行的法规和条例。具体包括校长任职资格制度、校长选任制度、校长负责制、校长培训制度、校长考核与评价制度、校长晋升制度和校长薪酬激励制度等。从1997 年以来,福建省有关中小学校长队伍建设的一些精神散见于《福建省中小学教师队伍管理暂行规定》《关于基础教育改革与发展的决定》《关于深化我省中小学人事制度改革的实施意见》《福建省"十一五"教育发展专项规划》《关于进一步加强中小学教师队伍建设的意见》《福建省"十二五"教育发展专项规划》等文件中。2001 年《福建省实施〈中小学校长培训规定〉暂行办法》(闽教〔2001〕人 44 号)的通知,也是在转发国家的《中小学校长培训规定》文件精神,福建省尚未出台中小学校长队伍建设的专项管理制度。

目前,福建省中小学校长队伍管理存在的主要问题有:(1)校长队伍管理体制不顺,多头管理,管人与管事脱节,致使校长无所适从。(2)校长任免无法定程序,随意性大,更换频繁,影响队伍稳定。调研表明,全省各设区市中小学领导班子人员的配备极不统一,原因之一就是没有政策依据。(3)责、权、利分离,校长应该负哪些责任,享有哪些权力,尚无明确的文件规定。按照文件要求,提倡校长负责制,而总的情况是,校长责任大,给予校长的权力少。(4)现有的关于校长队伍建设与管理的文件原则性、政策性内容多,缺乏法律效力,难以落实到位。(5)校长培训同考核、任用、晋级、晋升难以真正挂钩,影响了校长参加培训的积极性,不利于校长队伍素质的提高。

厦门市曾出台《中小学校长管理暂行办法》;上海市教育委员会曾出台《上海市中小学校长守则(试行)》(2004)、《关于进一步完善上海市中小学校校长负责制的若干意见》、《上海市中小学校党组织工作意见》、《上海市中小学校校长工作意见》、《上海市中小学校教职工代表大会工作意见》(2010);北京市教育委员会曾出台《北京市中小学校长工作意见》、《北京市中小学党支部(总支)工作意见》、《北京市中小学教职工代表大会工作意见》(2004)等,这些省内外有关校长队伍建设的管理制度与经验没有进行相互交流、学习与借鉴。

(二)高层次学历的校长与全国先进省市比较差距较大

2012 年福建省具有研究生学历的独立高中校长占校长总数的 7.38%,具有研究生学历的完中校长占校长总数的 2.84%,具有研究生学历的独立初中校长占校长总数的 0.65%。根据中央教育科学研究所对北京、天津、上海和重庆四个直辖市中小学校长专业化水平的抽样调查表明,北京和上海具有硕士学位的校长比例最高。北京抽样地区具有硕士学位的校长比例为 24.42%;上海抽样地区具有硕士学位的校长比例为 23.74%;重庆抽样地区具有硕士学位的校长比例为 11.18%,相对较低;天津抽样地区具有硕士学位的校长比例为 14.85%。福建省 2012 年与 2008 年相比较,具有研究生学历的中学校长比例虽然稍有提高,但是提高的速度极为缓慢,与全国先进地区相比较,研究生学历比例明显偏低。京津沪渝四直辖市具有研究生学历的正职校长比例较高,而福建省正好相反,具有研究生学历的副校长人数要高于正职校长。

表 1-4　福建省中小学校长与北京市中小学校长的学历比较　单位:百分比

	地区	研究生学历	本科学历	专科学历
高完中	北京市高中校长	19.6	77.6	0
	福建省独立高中校长	7.4	90.2	2.4
	福建省完全中学校长	2.8	89.8	7.4
初中	北京市初中校长	6.8	92.0	1.1
	福建省初中校长	0.7	85.0	14.3
小学	北京市小学校长	8.8	85.6	3.9
	福建省小学校长	0.4	33.7	59.6

注:表格中北京市中小学校长学历数据由北京教育学院校长研修学院提供。

单位：%

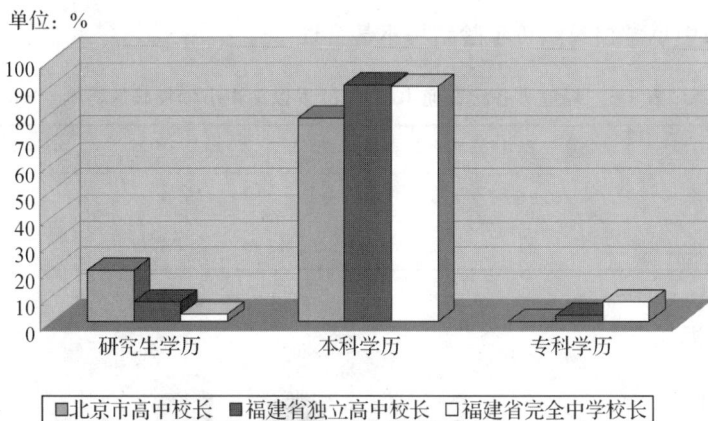

图 1-11 福建省高完中校长与北京市高中校长的学历比较

单位：%

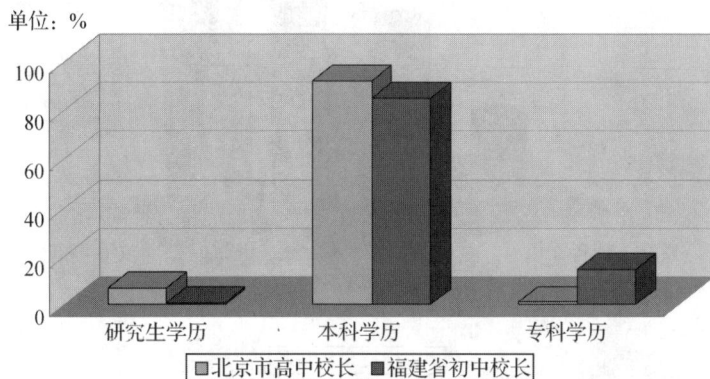

图 1-12 福建省初中校长与北京市初中校长的学历比较

单位：%

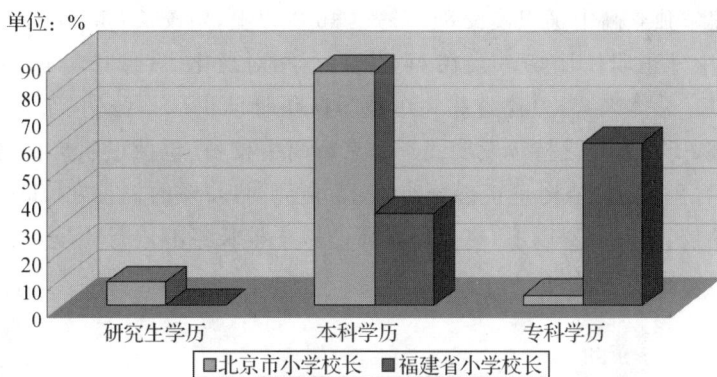

图 1-13 福建省小学校长与北京市小学校长的学历比较

(三)中小学校长队伍年龄结构不甚合理

表 1-5　福建省各级普通中小学 40 岁以下中小学校长的比例　单位:百分比

	独立高中	完全中学	独立初中	小学
正校长	0.96	4.59	15.40	18.61
副校长	5.51	15.47	26.84	29.47

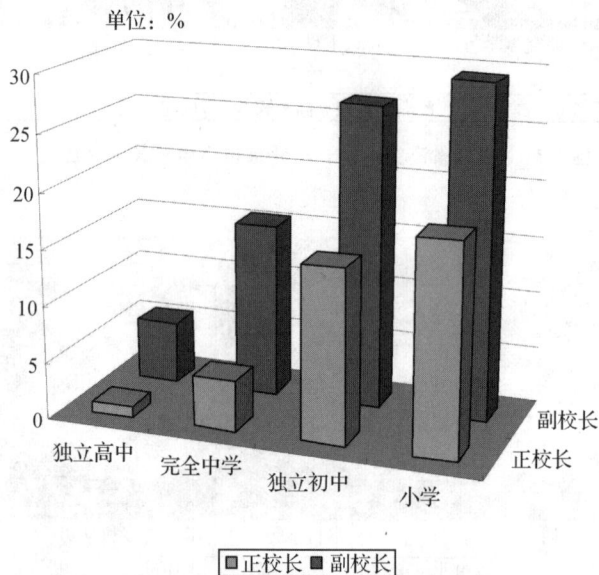

图 1-14　福建省各级普通中小学 40 岁以下中小学校长的比例

　　福建省独立高中正职校长 81.7% 在 46 岁以上,副校长 65.8% 在 46 岁以上,完全中学正职校长 67.0% 在 46 岁以上,相对老化,只有完全中学副校长相对年轻。总体来看,福建省高完中校长队伍梯队层次不分明、结构不甚合理,校长队伍发展缺乏持续发展性。北京市高中校长(包括正职校长、教学副校长、德育副校长)结构呈正态分布,较为合理,41.3% 的校长在 41～45 岁,62.9% 的校长在 45 岁以下,与福建省高(完)中校长年龄进行比较,北京市高中校长队伍整体年轻化。

表 1-6　福建省高(完)中校长和北京市高中校长的年龄比较　单位:百分比

职务	年龄	41~45 岁	45 岁以下	46 岁以上
正校长	北京市高中正职校长	29.9	40.3	59.7
	福建省独立高中正职校长	17.3	18.3	81.7
	福建省完全中学正职校长	28.4	33.0	67.0
副校长	北京市高中教学副校长	46.7	68.0	32.0
	北京市高中德育副校长	47.7	84.6	15.4
	福建省独立高中副校长	28.7	34.2	65.8
	福建省完全中学副校长	36.2	61.7	38.3

注:表格中北京市高中校长年龄数据由北京教育学院校长研修学院提供。

单位：%

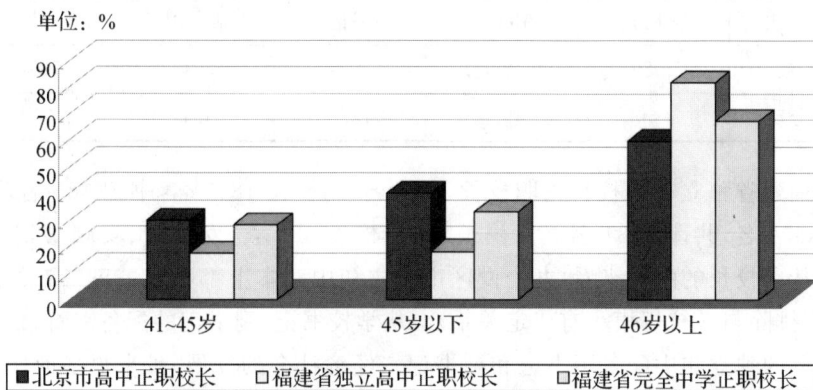

图 1-15　福建省高(完)中正职校长和北京市高中正职校长的年龄比较

　　福建省独立初中学校领导队伍相对年轻。但是,九个设区市之间的差距比较大,厦门市、漳州市、三明市、南平市独立初中正职校长年龄相对老化,其余设区市相对年轻。福建省小学副校长和副书记相对年轻,而小学正职校长和书记年龄就相对偏大。49.24％,也就是接近一半的正职小学校长在 46 岁以上,61.8％的小学书记在 46 岁以上,五年以后小学正职校长和书记将逐步老化。

单位：%

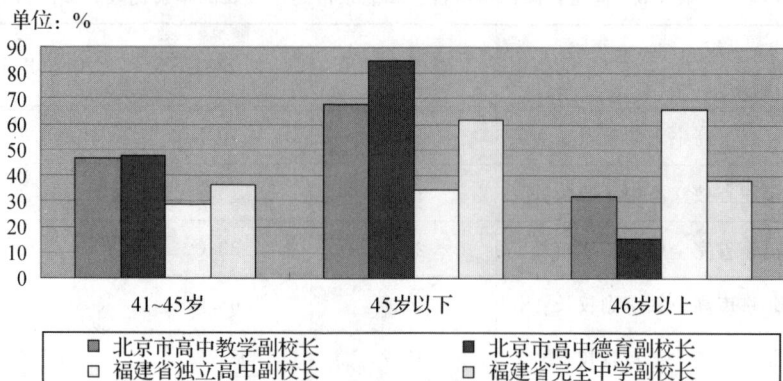

图 1-16　福建省高(完)中副校长和北京市高中副校长的年龄比较

(四)独立初中缺乏分管德育工作的校长和书记

表 1-7　2012 年福建省独立初中学校领导结构

	正校长	副校长	书记	副书记	总计
人数	1088	1856	486	354	3784
百分比	28.8	49.0	12.8	9.4	100

福建省独立初中校长正职校长 1088 名,副校长 1856 名,书记 486 名,副书记 354 名,共计 3784 名。女校长、女副校长 328 人,女书记、女副书记 35 人。从副校长的配备来看,九个设区市独立初中基本上都不足一正二副的配备(不排除与学校规模小有一定关系)。从学校书记、副书记的配备来看,仅有 32.5％的独立初中配备了书记和副书记。经济社会的发展,带来很多前所未有的德育新问题,对学校德育工作提出了新的更高的要求。初中阶段是学生生理成长、心理发育的关键期,是学生人生观、世界观形成的重要阶段,是人生中的一个重要转折点。学生在此阶段的发展既基于小学教育的基础,又有无限多向发展的可能,可以往积极方向发展,也可以往消极方向发展。福建省普通初中教育明显滞后于小学和高中教育的发展,处于薄弱地位,缺乏名校长、名教师,也缺乏分管德育工作的校长、书记,加上农村学生厌学情绪严重,法制观念不强,组织纪律性较差,寄宿生、留守学生教育状况也不尽如人意,这种情况不得不引起教育行政部门的高度重视。

(五)名优校长评选中重点中小学校长占较大优势

表 1-8　2006—2012 年三届评选的中小学优秀校长在各类学校分布情况

学校	普通中小学省级优秀校长	人数	比例
中学	高中名校、一级达标校省优校长	49	43.4
	城市、县镇普通高(完)中省优校长	30	26.5
	农村高(完)中省优校长	29	25.7
	独立初中校省优校长	5	4.4
	合计	113	100
小学	小学名校、实验小学省优校长	56	50.5
	城市、县镇普通小学省优校长	12	10.8
	农村中心小学省优校长	43	38.7
	合计	111	100
九年一贯制	九年一贯制学校省优校长	3	
	总计	227	

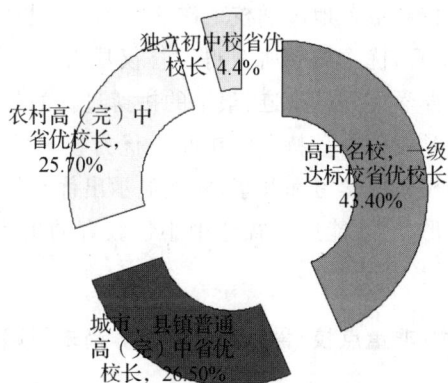

图 1-17　2006—2012 年三届评选的中学优秀校长在各类学校分布情况

　　从 2006 年到 2012 年三届获得省级优秀中小学校长荣誉称号的中学校长情况来看,高中名校、一级达标校的省级优校长占了中学优秀校长总数的43.4％;小学名校和各县市区实验小学的省级优校长占了小学优秀校长总数的 50.5％。2012 年的评选虽然有所改进,但三届的评选总体来看,将近一半的指标还是倾向于重点中小学。重点中小学办学历史悠久,历史上就是名校,

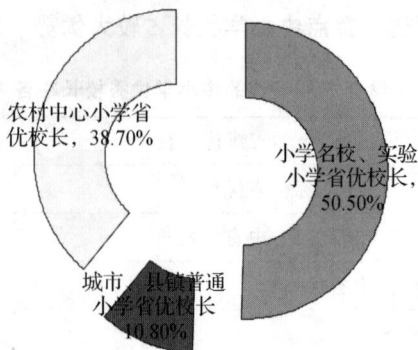

图 1-18　2006—2012 年三届评选的小学优秀校长在各类学校分布情况

坐落在城区中心地带,生源很好,受到当地政府和教育行政部门的高度重视,依赖着强有力的行政干预以及各种政策的保护,集"万千宠爱"于一身,由于历史和传统的积淀,实力强大,为各任中小学校长的办学打下了良好的基础。但是,改革开放 30 多年了,基础教育均衡发展是今天所追求的教育目标,省级优秀校长的评选必须充分考虑不同类型学校的校长,以及校长所在学校原有的办学基础、师资和生源条件,考虑基础教育均衡发展的需求,去研究和设计不同层次和类别学校校长的评价标准,采取相对评价,扩大优秀校长人选的覆盖面,顾及各种类型学校和艰苦地区学校工作的中小学校长,才能提高校长办学的积极性。从目前来看,优秀校长所获得荣誉仅局限在上级授予的一本证书的形式上,对于他们办学的先进事迹、艰辛的拼搏过程的整理和宣传都没有到位,也没有及时总结学校的办学特色。中小学优秀校长的办学思想和学校管理经验,只有被更多校长所学习和共享,才能显示出优秀校长群体的优势和引领作用,显示出品牌形象,才能展示福建中小学教育的出色成就,并带动和影响更多的福建中小学校长成长。

(六)普通中小学(非重点校)骨干校长的培养尚未引起高度重视

2012 年福建省第一批骨干校长培养人选中,中学骨干校长 88 人,其中,重点中学的骨干校长 23 人,占 26.1%;初级中学的骨干校长 4 人,占 4.5%;普通中学骨干校长 61 人,占 69.4%。小学骨干校长 123 人,其中,重点小学骨干校长 34 人,占 27.6%;普通小学骨干校长 89 人,占 72.4%。非重点中小学校长能成为骨干校长参加省级培训的人数非常有限。近三年,福建省农村初中骨干校长绝大部分参加过福建教育学院举办的农村校长能力提升工程,但是,普通完全中学中分管初中部的校长、城市和县镇的独立初中校长都没有机会参加省级骨干校长培训,农村初中副校长也没有机会参加省级培训。小学骨干校长人选中明显倾向城市、县镇重点小学,有的重点小学就有 2 名骨干校长培养人选。改革开放 30 多年,城市和乡村人民的生活水平不断提高,随着城镇化的进程,很多人搬到新的楼盘和小区居住,而新楼盘一般不可能建在市区中心,大部分建在县镇和城市的城乡结合部,那里的中小学校生源年年爆满,已经超过市区中心地带的学校,这些学校的教育教学质量亟待提高,普通中小学校长管理学校的能力也亟待加强。因此,必须高度重视普通中小学校长培养、培训和发展的问题,才能满足所有老百姓对优质教育的需求。

(七)农村中心小学校长任职年限短,管理能力有待提升

2012 年课题组对福建省第三期农村小学骨干校长培训班 79 位校长进行问卷调查,从被调查的农村小学校长所在地区分布来看,涵盖了福建省除厦门市以外的所有设区市。调查结果显示,97％的校长学历达标,基本素质优良。65％的农村小学骨干校长任职年限在 10 年以下,其中,任职 1～5 年的校长占39％。从学校办学规模来看,500～990 人的学校占了 32.05％,1000 人以上的学校占 41.03％,其中大部分属于中心小学,还需负担管理小学寄宿生的任务,寄宿生最多的达到 850 人,教师达到 287 人。80％的校长认为是工作压力重阻碍了他们的专业发展;75％的校长认为缺少高层次培训机会;54％的校长认为缺乏优秀校长引领;46％的校长认为缺少学习先进教育管理理论。对自己薪酬满意的占 5.06％,基本满意的占 39.24％,不满意的占被调查校长55.70％。被调查的 76 名农村小学骨干校长中,98.6％为小学高级职称,但是,在不同的设区市的县市区,同级职称之间薪酬的差距很大。总薪酬低于3000 元以下的县市区有:泉州市的安溪县;漳州市的诏安县、常山、长泰县;三明市的尤溪县、泰宁县、宁化县;龙岩市的连城县、武平县、长汀县、漳平市;南平市的延平区、顺昌县、武夷山市;宁德市的周宁县、寿宁县;莆田市的城厢区。总体来看,农村中心小学校长年轻、任职年限短,农村是他们成长锻炼的大舞台,只有不断提升校长的学校管理能力,减轻工作压力,给予更多高端培训和交流的机会,提高他们的薪酬待遇,才能有效地促进他们快速、健康地成长。

(八)基础教育外事工作薄弱,对外交流合作局面尚未打开

国家中长期教育改革和发展规划纲要(2010—2020 年)指出:"加强国际交流与合作。坚持以开放促改革、促发展。开展多层次、宽领域的教育交流与合作,提高我国教育国际化水平。"重点推进八个项目中有两项涉及基础教育:

（1）支持一批示范性中外合作办学机构；（2）开展大中小学校长和骨干教师海外研修培训。提高教育的国际化水平，已经成为我国今后十年的一个重要目标。江苏省教育厅厅长沈健认为：“江苏现在的经济外向度占的比重非常高，已经占 70％～80％，需要有一批具有厚实的知识基础和较强的能力而且有国际视野，能够善于在国际打交道的这样的人才。我们从基础教育抓起，就具有长远的战略意义。”2005 年以来，江苏省每年举办一届中小学校长国际论坛，地点在江苏省的南京、常州、无锡、苏州、扬州、淮安和美国、英国举办，到现在已经举办了七届。通过比较可以清楚地看到福建省的差距。福建省经济社会发展与上海市、江苏省、广东省一样，在全国都是名列前茅的省份（直辖市）。福建省中小学校长交流与合作的经费投入不足，境外基地校建设基本空白。中小学校长对外交流与合作的项目更多的是被动接受国家汉办组织的“汉语桥——中小学校长访华之旅”等来闽的访问项目，还有一些中小学校长自觉地与国外中小学校长进行交流，但是，这种交流仅仅是自发和零散的，没有组织，无法打出品牌，也达不到教育国际化的效果。影响比较大的海峡两岸百名中小学校长论坛主要是依赖厦门市人民政府和厦门市教育局在组织和主办，后来得到中国教育学会和国台办的支持。与江苏省、广东省比较，由各级人民政府和教育行政主管部门，或者由福建省教育国际交流中心主动牵头去策划和组织的交流合作活动不多，与中小学校长培训主管机构的主动沟通、交流与合作也不够。福建省是中国著名的侨乡，旅居世界各地的闽籍华人华侨有 1088 万人，比江苏省还更有优势。但是，优势的资源并没有充分利用起来，也没有与国外中国各总领馆进行联系，得到他们具体的指导与支持，基础教育外事工作的局面尚未完全打开。

三、中小学校长发展思路与对策

《国家中长期教育改革和发展规划纲要（2010—2020 年）》指出：“创造有利条件，鼓励教师和校长在实践中大胆探索，创新教育思想、教育模式和教育方法，形成教学特色和办学风格，造就一批教育家，倡导教育家办学。”这对福建省中小学校长队伍的可持续发展指明了方向。

（一）倡导教育家型校长办学

一名成功的中小学校长，必须具有在领导岗位上有效行使权力的专业素质和管理能力。但是，长期以来，中小学校长一直被看作是一种行政职务，在职责、任用、晋升和待遇上都是按照政府官员对待的。学校不是政府,校长不是行政官员,校长是专业化的管理人员。2008 年,教育部人事司委托北京师范大学和上海师范大学调研全国中小学校长的现状与问题,在此基础上研制出《中国中小学校长专业基本标准》。该标准基本内容包括两个维度:一是校长的专业职责,包括六个方面:①规划学校发展;②营造育人文化;③领导课程教学;④引领教师成长;⑤优化内部管理;⑥调适外部环境;二是校长工作的五项专业要素,即理念、品性、知识、能力和行为。时代要求中小学校长要专业化发展,而"教育家型校长"成为这个职业追求的目标。

(二)创建有利于中小学校长成长的外部环境

中小学校长的专业知识表现主要是理论性知识和实践性知识两个方面,而真正能够代表校长专业发展水平提升的具体表现是校长实践性知识的增长。校长实践性知识增长的特点表现在以下三个方面:(1)情境性。管理情境是校长领导活动与管理实践的场所,它是使校长和教职工、学生之间的体验成为可能的环境和条件。虽然这些情景每天都在重复地发生,但是,校长不可能采用过去成功的方式去解决类似的问题,而是要在特定的管理情境中以合理的方式行动。校长就是在这种特定的管理情境中得到锻炼而促进专业发展的。(2)智慧性。校长领导实践的不确定性、模糊性、生命性、综合性以及魅力性都是校长智慧性的衍生表现。校长的智慧性就是在复杂微妙的管理情境中迅速、自信、恰当地做出选择和行动的能力。校长智慧的充分展示促进了自身的专业发展。(3)反思性。反思是校长对自己实践经历和形成经历的条件和背景的回想和醒思。校长专业发展特别强调"思",只有"思"的存在才使校长有了在实践中学习与成长的可能。校长的反思不仅是"独思"还是"群思",通过个人自我反思活动、群体协作反思以及教育培训机构组织的反思活动能更有效地促进校长专业发展。但是,不少有思想的校长在办学的过程中,无可奈何地慢慢陷入事务堆里,逐渐变成了事务型校长,根本无法静下心来去思考如何实现学校的办学使命。校长办学不仅需要教育自觉,更需要宽松成长环境的支撑。各级教育行政部门要积极创建有利于中小学校长成长的管理制度,让中小学校长有办学自主权,在理解、包容、支持、鼓励的氛围中,潜心谋划学校发展规划,抓好学校的教育教学工作,并得到社会的认可和尊重。

(三)实施中小学校长年龄调整计划

到 2015 年,福建省中小学校长要基本形成 50 岁、45 岁、40 岁、35 岁的梯次年龄结构。高(完)中校长的年龄调整尤为重要,具体调整目标如下:(1)3～5 年内 45 岁以下福建省独立高中正职校长要达到 25％,3～5 年内 45 岁以下福建省完全中学正职校长要达到 40％。(2)3～5 年内 45 岁以下福建省独立高中教学副校长要达到 40％,45 岁以下福建省独立高中德育副校长要达到 50％。3～5 年内 45 岁以下福建省完全中学教学副校长要达到 50％,45 岁以下福建省完全中学德育副校长要达到 60％。

全省独立初中校长的年龄相对年轻,但是,从九个设区市独立初中正职校长年龄比较来看,厦门市独立初中正职校长在 51～55 岁年龄段形成一个高峰;漳州市独立初中正职校长在 46～50 岁和 51～55 岁之间形成两个高峰;三明市独立初中正职校长在 46～50 岁年龄段形成一个高峰,说明五年内这些校长逐步开始走向老化,这些设区市要及时进行调整。

到 2015 年,福建省 50％的小学正职校长和书记的年龄要降到 40 岁左右,尤其要督促宁德市做好小学正职校长年龄调整工作,督促南平市做好小学正职校长和副校长的年龄调整工作。

(四)实施中小学校长高学历提升计划

福建省中小学校长高学历提升的具体目标和任务如下:(1)3～5 年 15％的福建省独立高中校长和完全中学校长在年龄结构调整的基础上,学历要从本科提升到硕士研究生学历。专科学历的校长必须在短期内全部达到本科,无法达到本科的不予聘用。(2)3～5 年 10％的福建省初中校长学历要从本科提升到硕士研究生学历。专科学历的校长必须在短期内全部达到本科,无法达到本科的不予聘用。(3)3～5 年 5％的福建省小学校长学历要从本科提升到硕士研究生学历。本科学历的小学校长要从现在的 33.7％提升到 80％,不断缩小持有专科学历的校长,直至学历全部本科化。(4)与有学位授予权的高校联合举办中学校长提升学历的教育管理硕士班,或者教育硕士班,鼓励中青年骨干校长进修高层次学历。(5)与有学位授予权的高校联合举办小学校长提升学历的教育管理硕士班,举办小学校长提升本科学历的独立函授班,鼓励中青年骨干校长进修高层次学历。

(五)实施中小学名优校长发展计划

(1)中小学名优校长评选要根据各类中小学的学校数量、学校发展基础、学生数量以及在校生所占的比例等,从教育均衡发展角度来确定省优校长在各类中小学所占的比例,改变评选指标往城市重点中小学倾斜的现状。

(2)实施名校长培养"十、百、千"工程,形成梯队结构。培养目标是:10～30 名"福建省中小学教育家型校长",100 名"福建省中小学名校长",100 名"福建省优秀教学校长",100 名"福建省优秀德育校长",1000 名"福建省中小学骨干校长",初步形成省级名优校长梯队。除了最高层面的"教育家型"校长年龄可以在 55 岁及以下,其余的培养人选年龄尽量控制在 50 岁及以下。

(3)首届名校长培养人选需要分类,不能采取一刀切的培养方式。可以将名校长培养人选分为两类:一类是"成熟型名校长"。在名校长培养人选中进行选拔,并认定冠名为福建省中小学"教育家型"校长或者"杰出校长"。培养的主要方式是总结经验,提炼上升到理论,著书立说,建立名校长工作室,加大对青年校长的培养,以及赴国外做高级访问学者,取长补短等;另一类是"好苗子型名校长"培养,或称之为"卓越校长",即新"名校长"人选,着眼系统全面地提高。培养方式主要有提升高学历学位的进修(小学校长需要达到本科学历,中学校长需要达到研究生学历),国内外学习考察,课题研究和实践培养等。

(4)名校长培养对象要与省教育厅签订目标责任书,各县市区要建立"名校长人选"个人成长考核档案,每学年对其进行一次综合考核,并向省教育厅书面报告考核情况。对考核不合格的"名校长人选"取消其资格。

(5)名校长培养成果展示应该向教育行政主管部门、中小学校长及社会公众展示。形式包括专题报告、课题研究报告、出版著作、发表 CN 刊号论文、经验介绍、论坛、书面材料、展板等。展示活动可以由省教育厅、各县市区组织,邀请各级领导、培训机构领导、专家观摩指导,邀请各地区名校长培养人选和各地区中小学校长参加观摩,做好全程摄像、编辑和总结工作,并送交福建省名校长培养工程办公室留档。

(六)实施初中德育校长(书记)发展计划

(1)根据独立初中学校规模,配备分管德育的校长和书记。每一所独立初中都要配有分管德育的校长或者书记,扭转德育管理岗位空白现状。(2)举办省级初中德育校长(书记)专项培训,通过组织分管德育的校长、书记参加培训,一方面考察德育工作开展较好的学校,学习他们有效的德育工作实践经验和研究成果,另一方面也相互交流、探讨扭转学校德育功能弱化的有效措施,促使独立初中德育工作走上正轨。(3)建立初中德育工作挂牌基地校,安排分管德育校长、书记到基地校当短期的影子校长,蹲点、跟班学习。(4)分管德育校长、书记年度要有学校德育工作的书面述职报告,并建立考核机制。

（七）实施普通中小学（非重点学校）骨干校长发展计划

（1）启动第二批中小学骨干校长培养，人选中要对普通中小学校长予以政策倾斜。（2）启动第二批中小学骨干校长培养，人选中要提供完全中学分管初中的副校长参加骨干校长培训的机会。（3）启动第二批中小学骨干校长培养，人选中要提供城市、县镇分管初中的校长参加骨干校长培训的机会。（4）启动第二批中小学骨干校长培养，人选中要提供城市、县镇普通小学的校长参加骨干校长培训的机会。

2013年初安排启动第二批中小学校长骨干培养事宜，以上四种类型的中小学校长骨干培养人选的比例要占90%，重点中小学只能占10%。

（八）实施农村中心小学校长发展计划

（1）加大农村中心小学校长省级培训的力度，必须覆盖全省所有的中心小学校长。（2）培训机构要组织教师去整理、总结福建省小学名校长（来自农村中心小学）和评上省级小学优秀校长（来自农村中心小学）的办学特色、经验，从中选拔农村小学骨干校长培训班的"实践型"培训教师。（3）建立省级农村小学校长培训基地校。以"福建省小学名校长"项目和"福建省小学骨干校长"项目为依托，建立省级农村小学校长义务培训基地校。三年内有计划地组织千名农村小学校长走进基地校，接受为期半个月的省级影子培训。各市县区要根据实际情况，打造一定数量的市县两级农村小学校长义务培训基地校，有计划组织农村小学校长接受影子培训。（4）建立省外农村小学校长培训基地校，组织农村中心小学校长到临近的浙江省、江苏省考察农村小学，学习、借鉴省外农村示范小学的办学经验。临近省份的学习和考察能开阔农村小学校长的视野，也节约培训经费。

（九）实施中小学校长后备人选培养计划

从中小学校长培养的角度出发，福建省应该按照远期、近期结合，以近期为主，梯次配备，优化结构，备用结合的方针，从各地选拔一批中小学校长后备人才。

（1）后备人选对象应有开拓精神，课程改革意识较强，具有中层管理工作经历，年龄一般在40周岁以下，小学后备校长人选年龄控制在35岁以下，必须与现有学校班子成员拉开年龄层次。要注意挑选妇女、非党和少数民族后备人才。选拔对象应具有大学本科及以上学历或中级以上职称。

（2）后备人选要进行省级脱产强化学习,参加《教育经济与管理》专业学位进修,取得高一级学历。学习期间到中小学挂职锻炼,毕业时严格考核。省市县(区)还要分别设立中小学校长后备干部培养专项基金。

（3）逐步完善校长队伍梯队选拔机制。可以采取"三个一批"的方式:一是"公开选拔一批";二是"上挂下派一批";三是"破格提拔一批",通过各项措施,不拘一格选拔人才,广开选拔渠道,建立校长后备队伍的"梯级队",储备各类专业及年龄阶段的校长后备人选。

（十）实施中小学校长培训基地校建设计划

1. 研究和建设国内外培训基地校

（1）国外基地校。国外基地校主要用在高端的名校长培训使用。国外基地校的建设要与福建省教育厅国际合作与交流处进行合作,培训机构还要搜集、了解省内各中小学在世界各地所建立的友好学校情况,从中选择国外基地校。（2）国内基地校。国内基地校建设应该搜集各省中小学校长培养有关信息以及其他省的名校长工程人选,可以从中去选择福建省的国内基地校。

2. 研究和建设省内基地校

（1）研究百年名校和名校长。福建省有很多历史悠久的中小学百年名校,这类学校是福建省基础教育事业创新发展赖以借鉴且不可多得的宝贵的专业财富。研究百年名校和名校长,并出版专著,是校长培训基地建立的重要条件。（2）研究成功型校长。成功型校长就是那些办学取得成功的校长,这类学校一般可以分为四类:一是原来基础较好的学校,跟不上时代步伐,落伍后短时间赶上来的学校;二是薄弱学校改进取得成功的学校;三是完全崭新的学校或者几所较小的学校布局调整合并后校长从创业起步的新学校;四是农村生源复杂,管理层级、体系复杂的学校。这些成功型校长的共同特征是:善于适应环境变化,事业心、责任心强,一般都有一段带领学校艰苦创业的经历,使学校从平庸转为优秀,在众多的学校中脱颖而出。有才能、有胆识、有魄力,在学校里有很高的威望,赢得教育行政主管部门认可,有较高的社会声誉。研究成功型校长也是建设校长培训基地的前提条件。（3）研究特色教育基地校。学校办学有多种多样的特色,每所学校的特色又都是独一无二的。特色教育学校可以有:德育示范校、教学规范管理示范校、质量兴教示范校、学校文化建设示范校、教师专业发展示范校、科技特色示范校、体育特色学校示范校、农村寄宿制示范校等等,这些学校的特色教育经验要进行整理,编写成培训教材,以便于全省各级培训机构和中小学校长培训班使用,这也是基地校建设的前提条件。(4)出台基地校建设方案。建立培训基地的宗旨是负责福建省中小学校长培训的教育考察;对培训对象开放学校各项教育教学活动,作为实践性学习培训样本;接受培训对象各种中短期的挂职锻炼;作为干训培训模式研究的试验基地,为干训科研提供必要条件;以合作团队形式提高学员的实践能力,达到资源共享的最大化。

四、中小学校长队伍发展的保障措施

(一)学习贯彻《中国中小学校长专业标准》

《中国中小学校长专业标准》从 2008 年开始制定,由教育部人事司委托上海师范大学和北京师范大学负责课题研究。在对全国 31 个省(区、市)和新疆生产建设兵团近 54 万名普通中小学和职业初、高中校长进行普查,对 11 个省(区、市)的近 2 万名校长进行访谈的基础上,经过十多次大的调整和修改,完成校长专业标准文本及相关课题成果。2012 年 12 月 24 日,教育部网站公布了《义务教育学校校长专业标准(试行)》,这一标准明确,校长的专业职责涵盖规划学校发展、营造育人文化、领导课程教学、引领教师成长、优化内部管理、调适外部环境等六个方面的指标测量义务教育学校校长专业化水准。一些提法引人注目,如:诊断学校发展现状,及时发现和研究分析学校发展面临的主要问题;重视学校文化潜移默化的教育功能;具有良好的艺术修养和相应的艺术欣赏与表现的知识;不片面追求学生考试成绩和升学率;建立优教优酬的激励制度;不得违反国家规定收取费用,不得以向学生推销或者变相推销商品、服务等方式谋取利益;引导社区和有关专业人士参与学校管理和监督。专业标准(试行)的很多条目致力于规范校长的办学行为,有利于推进义务教育领域相关突出问题的解决。比如,针对"减轻学生过重课业负担"的时代呼唤,要求校长认真落实义务教育课程标准,不得随意提高课程难度,不得挤占体育、音乐、美术等课程的课时,确保学生每天一小时校园体育活动。再比如,提出"建立听课与评课制度",要求校长深入课堂听课并对课堂教学进行指导,每学期听课不少于地方教育行政部门规定的课时数量。还有,针对校园安全的问题,要求校长熟悉校园网络、安全保卫与卫生健康等管理实务,正确应对和妥善处置学校突发事件。教育部希望标准正式出台后,可以成为校长选拔、管理、培养培训的重要依据。

(二)制定《中小学校长管理规定》,提升管理水平

《教育法》的颁布标志着我国进入依法治教的新时期。《教师法》的颁布也使得教师队伍建设与管理走上法制轨道,而校长队伍建设与管理仍无法可依。尽管有一些规章和政策性文件,但由于其法律地位的局限,加之仍以义务、责任为中心,不注重校长的权力,责、权、利三者无法统一,相关政策也不完善,亟待修改、补充、完善,上升到法律高度,才能使校长队伍建设与管理有法可依,跟上依法治教的步伐。《中华人民共和国教育法》第三十条规定:"学校的教学及其他行政管理,由校长负责。"校长的权力,按管理的内容不同可以分为四类:(1)学校综合管理的权力;(2)教育教学管理的权力;(3)学校人事调配的权力;(4)学校经费管理使用的权力。在推行校长负责制的今天,有学者已经提出要制定《校长法》,福建省应该出台明确的《中小学校长管理规定》等地方法规,具体规定操作性比较强的校长责任和校长的具体权力,把校长从责任和权力的迷茫中解脱出来,将更多的精力用于学校的管理和学校可持续发展上。

(三)完善中小学校长的管理制度

1. 完善选拔任用制度,保证队伍素质

第一,是制定校长任职条件和考核程序。第二,是实行聘任制,采取公开招聘、平等竞争、严格考核、择优聘任的办法选拔任用中小学校长。第三,是要明确任期内的目标责任。新任或连任新一届的校长,应在任职六个月内提出任期工作目标。任期工作目标须由学校教代会或全体教职工大会审议通过,报教育局审核备案,在审核备案后的一个月内与教育局签订任期目标责任书。第四,是逐步进行中小学校长的交流与合作,做到取长补短,促进校长成长。第五,是制定校长免职、辞职条件、程序等制度。

2. 改革校长评价制度,推行职级制

进一步完善中小学校长年度考核和任期目标考核制度,把考核结果作为校长奖惩、评定校长职级、续聘或解聘的重要依据。推行校长职级制度,把评价的结果与报酬挂钩,将会极大提高校长办学积极性。校长职级制以权威科学的方式进行评价,改变传统把校长等同于一般行政干部的观念,其建立突出了校长工作专业化的特点,使校长工作更加科学与规范。校长职级制可以各设四级:一级校长、二级校长、三级校长和四级校长,各级校长薪酬待遇不同。还可以设特级校长,作为荣誉职称。新聘任的校长暂不评职级,经一年工作后

根据标准,评定相应职级。职级制的实施使校长体验到自我价值,增加内部发展的动力,形成精神激励;评价的结果与薪酬挂钩,一定的物质激励提高了校长的经济收入,使校长更加全身心地投入学校的工作,同时也促进校长岗位的升温,吸引更多的优秀人才充实到校长队伍,提高校长队伍整体水平。

3. 建立校长系列化的荣誉和表彰制度

优秀中小学校长的表彰活动要制度化。设立"优秀校长奖系列",改变笼统简单的评奖方式。如,可以设立福建省"杰出校长"奖、福建省成功校长奖、福建省中小学管理优秀校长奖、福建省中小学优秀教学校长奖、福建省中小学优秀德育校长奖、福建省农村中小学优秀校长奖等等,覆盖各级各类校长。对获得各项"优秀校长奖"的中小学校长,需帮助其总结办学经验,并通过媒体进行广泛宣传。建立校长荣誉制度,还要让其享受相应待遇,鼓励其终身从事校长工作。

4. 建立职称和工资单独系列的薪酬制度

目前,福建省中小学校长工资、待遇没有统一标准,要么随行政干部,要么依职称挂靠教师系列,以致出现由教师提升为校长之后,经济收入不仅没有上升反而下降的现象。各县市区经济发展不平衡,造成中小学校长工资待遇差距较大,待遇与其职、其责严重不符,挫伤校长办学的积极性。建立校长职称和工资单独系列体现校长职务特点,势在必行。加强对校长队伍的宏观管理,坚持责、权、利统一,才能调动校长办学的积极性,激发办学活力,因此,应设校长职称和工资单独系列。1994 年以来,上海静安区就已经实行校长职级制,校长不直接参加教职工结构工资的计算,而采用校长的月收入由国拨工资、岗位津贴和职级津贴三部分组成的试验,已收到明显的效果,值得学习和借鉴。还有采用等级工资、基础工资和能绩工资三部分构成的职级工资的大胆探索。职级制意在取消校长的行政级别,强化校长的职业意识专业发展,从根本上摒除校长官本位意识,是中小学校长人事制度的变革。

(四)拨足校长培养经费,尽快实施各项计划

中小学优秀校长的成长是一个过程,需要培养,需要提高专业精神和专业能力。福建省要建立以财政拨款为主、多渠道筹措的保障机制,保证开展中小学校长培养的基本经费需要,保证校长培训基地的正常运转。各县市区要有配套资金予以支持,有条件的县市区可以加大资金投入的力度。目前中小学校长培养、培训还存在着地区之间、城乡之间的不平衡,因此,一方面要重视名优校长的培养、培训,另一方面要重视普通中小学、农村地区,特别是县区以下农村中小学校长培养和培训问题。要分别设立专项资金,为名优校长、普通中小学校长和农村地区的中小学校长培养、培训提供支持和帮助。

课题项目负责人:黄家骅

主要参加人:张祥明　黄丽萍　高培青

杨立国　林　宇　郑是勇

吴　敏　林秀燕　柯晓露

郑丽琴

第二部分

福建省中小学教师队伍建设及培训体系研究报告

百年大计,教育为本;教育大计,教师为本。教师是办学的主体,是教育的第一资源。建设一支高素质专业化的中小学教师队伍,是落实教育优先发展战略、努力办好人民满意的教育的关键所在。加强教师培训,是深入贯彻科学发展观、促进教育公平的重要举措,是推进实施素质教育、全面提高教学质量的必然要求,也是广大中小学教师专业化成长的内在需求和愿望。

党的十八大把努力办好人民满意的教育作为改善民生的首要任务,提出加强教师队伍建设,提高师德水平和业务能力,增强教师教书育人的荣誉感和责任感。《国家中长期教育改革和发展规划纲要(2010—2020)》指出,"要完善培养培训体系,做好培养培训规划,优化队伍结构,提高教师专业水平和教学能力"。《国务院关于加强教师队伍建设的意见》要求,"建立教师学习培训制度,完善教师培养培训体系"。《福建省中长期教育改革和发展规划纲要(2010—2020)》提出,"完善教师培养培训体系,强化教师教育教学能力培训"。加快建设一支师德高尚、业务精湛、结构合理、充满活力的高素质专业化教师队伍,是新时期教育事业科学发展的迫切要求。

为贯彻落实中央和福建省关于加强中小学教师队伍建设和教师培训工作的决策部署,全面了解我省中小学教师队伍建设和教师培训工作现状,为谋划新时期全省中小学教师建设和教师培训工作提供决策参考,2012年1月,受福建省教育厅委托,福建教育学院成立以副院长郭春芳教授为组长、学院办公室、师训处和有关研修部专家组成的课题组,对我省中小学教师队伍建设现状及培训工作情况进行深入调研。调研采取文献资料分析、实地考察走访、专题研讨和问卷调查相结合的方式进行,先后召开10多场培训班学员座谈会,结合开展"福建省县域义务教育基本均衡公众满意度调查"工作,深入24个县(市、区)开展问卷调查和座谈访谈,同时在"福建基础教育网"开设网络问卷调查专栏,通过18个县(市、区)教育局组织开展教师网络问卷填报工作。在收集大量有关资料和数据的基础上,经过课题组全体成员认真梳理归纳、分析研究、总结提炼,形成了《福建省中小学教师队伍建设及培训体系研究报告》。

2008年以来,我省在加强中小学教师队伍建设方面采取一系列具有开创性、突破性的做法,取得明显成效,积累了宝贵经验,为建设高素质专业化教师队伍奠定了良好的基础。教师培训是加强教师队伍建设的重要环节,在基础教育进入以内涵发展、质量提升为核心任务的新形势下,完善教师培训体系,提升教师培训能力是加强中小学教师队伍建设重中之重的任务。研究报告在全面总结近年来,特别是2008年以来我省加强中小学教师队伍建设经验做法的基础上,深入分析了我省中小学教师队伍结构现状和培训需求,提出"十二五"期间构建中小学教师培训体系的政策建议。

一、福建省中小学教师队伍建设的主要做法和经验启示

福建省委、省政府高度重视中小学教师队伍建设,把加强教师队伍建设作为提升教育质量的基础工程来抓。2008年省政府制定出台《关于进一步加强中小学教师队伍建设的意见》,2009年省政府召开改革开放以来首次全省中小学教师工作会议,全面规划新时期中小学教师队伍建设蓝图,不断加强对中小学教师队伍建设工作的政策引领。通过几年的不懈努力,我省中小学教师队伍规模稳定增长,教师队伍年龄结构和专业结构持续优化,教师教育理念不断更新,实施素质教育和新课程改革的能力明显提高,教师队伍活力显著增强。

2011年,全省普通中小学专任教师达35.53万人,小学、初中、高中师生比分别为1∶15.85、11.83、13.54;具有专科以上学历的小学教师和具有本科以上学历的初中教师分别达77.94%和78.44%,均比2000年提高60多个百分点;普通高中专任教师学历达标率达95.26%,比2000年提高了31个百分点;小学高级以上职务教师达61%,是2000年的3.2倍,中学高级教师比例达19.33%,比2000年提高了14个百分点,较好地满足教育教学需要。中小学教师队伍成为促进基础教育改革发展的有力支撑。全省适龄儿童少年义务教育入学率、巩固率、青壮年非文盲率继续保持在全国较高水平,覆盖全省人口92.4%的地区实现高水平、高质量普及九年义务教育;学前三年入园率约达92%,连续多年位居全国前列;高中阶段毛入学率达88%,基本普及高中阶段教育。中小学教师队伍建设成为基础教育改革发展的有力支撑。

(一)福建省加强中小学教师队伍建设的主要做法

1. 坚持把师德建设放在首位,切实提高教师职业道德修养。师德是教师职业的灵魂。高尚的师德,是对学生最生动、最具体、最深远的教育。我省坚持把师德建设放在教师队伍建设的首位,一手抓规范管理,以严格的制度作保障,一手抓典型引路,用榜样的力量鼓舞人,形成了"两手抓两手硬"的工作特色,树立了人民教师的崇高形象,教师赢得全社会广泛赞誉和普遍尊重。

一是开展"师德建设年"活动,加强师德师风教育。2007年以来,我省每年围绕一个主题集中开展"师德建设年"活动,先后以"全面提高教育教学质量,办好人民满意的教育""爱岗敬业、教书育人、为人师表""忠诚履职、爱生乐

教""学规划,强师德,树形象"等为主题,组织开展形式多样的师德师风教育活动,着力解决教师队伍中群众反映强烈的师德师风问题,不断增强教师教书育人的责任感和使命感,引导广大中小学教师严格遵守职业道德规范,积极践行高尚师德。各地各校以"师德建设年"活动为载体,深化活动主题,丰富活动内容,创新活动形式,促进师德建设各项措施落实。如厦门市教育系统持续开展"师德建设年""教师岗位大练兵""百名校长万名教师进社区进家庭"三项主题教育活动,把师德、师能、师风三项建设有机统一起来;福州市不断深化以"十查""三进""五评"为主要内容的"师德建设年"活动,积极构建师德建设长效机制;三明市围绕师德建设年主题,推行"两项承诺"、推进"四项关爱"、组织开展"五个一"活动。2012 年以来,省委教育工委把"创先争优"与师德建设年活动紧密结合起来,广泛开展"三访三创"活动,深入推进中小学教师家访活动,并将家访工作情况存入教师档案,作为考核教师师德情况的重要内容和评优评先的重要依据,引导广大教师以爱育爱,做学生成长的导师。

二是建立师德考评体系,规范教师从教行为。2009 年,我省制定出台《福建省中小学教师职业道德考核办法(试行)》,明确 24 条师德规范要求,建立师德年度考评机制,并在全国率先提出中小学师德"一票否决"20 种情形,明确规定教师"应该做什么,不应该做什么",使抽象师德有了具体评价标准和考评办法,有力地规范了全省中小学教师的职业道德和职业行为。同年,我省出台《福建省中小学校和教职工绩效考核工作指导意见(试行)》,将师德建设作为学校办学水平的重要指标,把师德考核作为教师工作考核、职务评聘和评先评优的重要依据。各地各校以强化师德考核评价为手段,通过师德评议、设立举报电话等形式,认真解决群众反映强烈的有偿补课、有偿托管、学术不端等突出问题,引导教师自觉规范从教行为,积极践行高尚师德。三明市开展"六查六看"活动,规范教师从教行为;泉州市建立"八个严禁"制度,严厉查处有偿家教行为。近三年来,全省共查处 58 起师德违纪案件,对广大教师起到较好的警示教育作用。

三是树立先进教师典型,引领师德建设风尚。注重师德先进典型的示范引领作用,积极挖掘先进教师平凡工作中的不平凡精神,挖掘师德模范的真人、真事、真心、真情,使先进人物贴近教师、感染教师、引导教师。长期以来,全省教育系统广泛深入开展"师德标兵""师德先进个人"评选表彰活动,2008 年以来,省委教育工委、省教育厅评选表彰了 300 多名"师德标兵""师德先进个人",全省涌现出"全国教书育人楷模"黄金莲、"全国道德模范"阮文发、"全国模范教师"陈文明等一大批先进模范教师。2011 年,我省庄巧真老师在光明日报社、中央电视台等媒体举办的寻找"最美乡村女教师"活动中,以其扎根农村战胜病魔的感人事迹,入选"全国十大最美乡村女教师"。各地各校也选出一批师德先进典型,并通过举办师德报告会、师德论坛和新闻媒体大力宣传先进典型事迹,在全社会弘扬尊师重教的良好风尚,营造关心教育、关心教师的良好氛围,激励广大教师静下心来教书,潜下心来育人,关爱学生,严谨笃学,勤恳敬业,淡泊名利,甘为人梯,乐于奉献,努力做学生爱戴、人民满意的教师。

2. 坚持把农村教师队伍建设作为重点,创新补充机制,改善教师队伍结构。党的十七大报告指出:"加强教师队伍建设,重点提高农村教师素质。"《国家中长期教育改革和发展规划纲要(2010—2020 年)》提出:"要以农村教师为重点,提高中小学教师队伍整体素质。"福建省农村中小学占全省中小学校数的 51.2%,农村中小学专任教师占全省专任教师数的 48.1%。加强农村教师队伍建设是推进义务教育均衡发展,促进教育公平的重中之重的任务。针对农村教师队伍建设的薄弱环节,2008 年以来,我省大胆突破原有体制的条条框框,勇于先行先试,采取许多在全国具有领先示范意义的政策措施,有力推动全省农村教师队伍建设。

一是率先提高农村学校教职工编制标准。福建山区、海岛多,农村中小学区域分布广、学校规模小、生源分散。针对中小学教师编制"城乡倒挂"的问题,2008 年,我省在全国率先提出将县镇、农村义务教育学校教职工编制标准提高到城市学校水平,实行城乡统一的教职工编制标准,全省城市、县镇、农村初中学校统一按员生比 1∶13.5 配备教职工,小学在校生 200 人以上的学校按员生比 1∶19.5 配备教职工,在校生 31~200 人的学校按班师比 1∶1.7 配备教师,在校生 10~30 人的至少配备 2 名教师,在校生 10 人以下的配备 1 名教师。2009—2011 年省教育厅、省财政厅、省公务员局联合下文,核增 6500 个编制用于补充农村小学紧缺学科教师。几年来,各地按照新的教职工编制标准,及时补充农村教师,着力解决农村学校"超编缺人"和教师队伍"青黄不接"问题,确保农村教育可持续发展。

二是率先实施新任教师全省统一公开招聘。为严把教师"入口关",从源头上保证教师队伍的整体素质,我省在 2009 年首次组织全省农村小学紧缺学科教师统一招聘工作的基础上,2010 年在全国率先全面推行中小学新任教师全省公开招聘统一考试,2011 年底我省中小学新任教师公开招聘工作被列为国家教育体制改革试点项目。实施中小学新任教师公开招聘制度,坚持凡进必考、择优聘用,根据国标、省考、县聘、校用的要求,实行全省统一笔试,县

(市、区)考核录用。其主要特点是：(1)规范教师补充程序,客观公正地选人用人,拓宽选人渠道,吸收优秀人才进入教师队伍;(2)遵循教师职业特点,科学设置考试内容和方法,选拔真正适合当教师的人才进入教师队伍;(3)在全省统一笔试的基础上,尊重各地用人自主权,推动地方及时补充师资,改善教师队伍结构。经过几年的探索和实践,我省教师公开招聘工作体制机制不断完善,特别是坚持"阳光"操作,实行"四个公开",即公开招聘范围、公开岗位条件、公开招聘程序、公开招聘时间,确保了招聘工作的公开、公平、公正,得到社会的欢迎和肯定。许多高校毕业生反映,我省教师公开招聘"全省统一考试评卷、随机选择面试评委、根据成绩依次选岗",体现了政府的公信力;许多县(市、区)的教育行政部门负责人和校长反映,教师公开招聘给他们在精神上"减负",因为公开招考让自己不必再为"条子"犯愁,而且新招聘教师的水平整体提高了。2010、2011年全省各地通过公开招聘补充中小学新任教师1.1万人,其中农村教师占60%以上,紧缺学科教师占40%以上,有效改善了教师队伍结构。

三是积极引导优秀大学毕业生到农村任教。高校毕业生是宝贵的人才资源。针对一方面大学生就业形势严峻,另一方面农村教师岗位的人才需求缺口仍然比较大的新情况,我省加强政策引导,鼓励优秀大学毕业生到农村任教,支持各地及时补充吸纳新教师,重点实施三项计划:(1)实施农村紧缺师资代偿学费计划。省教育厅、省财政厅联合发文,规定凡具备相应教师资格的本科毕业生到我省一般转移支付县乡镇及以下的农村中小学任教,按每人每年5000元计算,逐年退还学费,连续退费4年,所需经费由省级财政承担。在绩效工资改革中,我省特别规定,高校毕业生到乡镇及以下中小学任教的,可直接转正定级,转正定级时薪级工资高定1级。(2)实施经济困难县补充农村学校教师资助计划(简称"省特岗计划")。省财政从2009年起,5年内拟投入1.35亿元,按每人每年1.5万元标准,连续三年对20个经济困难县新补充农村教师的工资性支出进行资助,支持经济困难县及时开展编制核定,及时补充新教师。3年已累计资助经济困难县补充教师1600名。(3)开展农村学校教育硕士师资培养计划。通过推荐免试、免缴学费的办法,从省内高校吸引一批具备相应教师资格的应届本科毕业生到农村中学任教并在岗完成教育硕士学业。同时规定,各市、县(区)在中小学新任教师招聘中要安排一定比例用于招聘参加"三支一扶计划"、"志愿服务西部计划"(含研究生支教团)、"支援服务欠发达地区计划"、"高校毕业生服务社区计划"等服务基层项目服务期满考核合格的高校毕业生。

　　四是多措并举改善农村教师队伍结构。由于农村小学、教学点办学规模小，按现有编制标准仍难以按学科配备教师。在完善农村教师补充机制的同时，为改善农村中小学教师队伍学科结构，缓解部分学科师资紧缺状况，近年来我省各地立足于内部挖潜，采取多种措施补充农村紧缺学科教师，确保到2012年全省所有农村学校开足开齐课程。如开展农村教师转岗培训，引导富余学科教师转岗担任紧缺薄弱学科专任教师；采取"走教"等形式，鼓励中心小学、完全小学教师到农村教学点从事紧缺学科教学；利用农远工程辐射优质课程资源，实施农村边远小学、教学点紧缺学科教学等。针对农村中小学布局结构调整，寄宿制学校增多的情况，2010年省教育厅会同省委编办、省公务员局、省财政厅出台《关于加强普通中小学校生管教师队伍建设的通知》，明确寄宿制普通中小学生管教师配备标准（寄宿生在50人以下的学校原则上配备1名生管教师，50～99人的配2名，100～300人的配3名，300人以上的酌情配4～5名），规定生管教师所需编制原则上在县域内中小学校教职工总编制内调剂解决，要求各地加强师资统筹调配，引导超编教师、富余学科教师从事生管工作，进一步优化农村教师队伍结构。

　　3. 坚持把推进教师轮岗交流作为突破口，有效促进义务教育师资均衡配置。打破校际藩篱，推进教师轮岗交流，是促进义务教育均衡发展的突破口。我省以承担国家教育体制改革项目"县域内义务教育学校教师校际交流"为契机，努力在体制机制上创新和突破，推进试点工作取得实效，2013年在全省逐步推广，2017年全省基本实现县域内义务教育师资均衡配置。

　　一是坚持试点先行，探索"以县为主"教师管理体制。我省于2009年在闽侯县等11个县（市、区）开展"教师人事关系收归县管，实施教师校际交流工作"试点工作，积极探索县域教师管理新模式。闽侯县实施片区联动，建立小学、初中办学联合体，组织教师超编和带岗交流、竞岗交流、对口协作交流，同时加大教师周转房建设力度，实行绩效工资农村教师倾斜政策，引导教师向山区、半山区流动；荔城区对交流到农村、山区的教师给予经济补贴；光泽县统一义务教育阶段城乡教师岗位结构比例，成立退休教师协会，统一退休教师管理和服务，切实解决交流教师的后顾之忧；海沧区实行小学教师全员竞聘上岗，以竞聘促交流；台江区坚持以人为本，采取组织选派和教师志愿相结合，多形式开展交流工作。各地还普遍将校长、教师参与校际交流的工作表现作为绩效工资分配、职务晋升、培养培训、表彰奖励的重要依据，并注意解决教师交流中岗位聘任、工资待遇和生活配套等问题，鼓励教师积极参与交流，维护教师队伍稳定。几年来，各试点县（市、区）参与交流教师均达到应交流人数的

10%以上,有效促进师资优化配置,"择校热"得到缓解,教师工作热情和业务潜力在交流中得到激发,教学能力和水平得到提升。各试点地区先行先试,大胆创新,为全省开展"县管校用"教师人事制度改革积累了宝贵的经验。

二是理顺管理体制,实行县域教师管理"六个统一"。在总结试点地区工作经验的基础上,2011年省教育厅、省公务员局、省委编办联合出台《县域内义务教育学校教师校际交流试点工作指导意见》,推进县域内中小学教师管理实现"六个统一",即统一教师工资待遇、统一教师编制标准、统一学校岗位结构比例、统一教师招考聘用、统一教师考核办法、统一退休教师管理和服务。统一县域内义务教育学校工资待遇,在工资分配上向农村倾斜,有利于从经济待遇上吸引教师在农村长期从教;统一县域内学校岗位结构比例,适当增加农村学校中高级岗位,有利于在制度上推动优秀年轻教师从高级职称较为集中的城区学校、优质学校向高级职称较为稀缺的农村学校、薄弱学校流动。实行"六个统一",将教师由"学校人"变为"区域人",有效盘活教师资源,促进县域内师资均衡配置。为确保教师管理体制落到实处,省政府进一步明确规定了县级教育、人事、编制部门的教师管理职责和工作分工,由县级人事部门对县域内中小学教职工人事管理实施宏观管理、指导和监督;县级教育行政部门主管教师工作,负责教师资源配置,依法履行中小学教师资格认定、招考聘用、职务评聘、培养培训和考核等管理职能,从而理顺了教师管理体制。

三是建立交流制度,促进县域教师流动规范有序。我省提出,县域内义务教育学校教师校际交流原则上在本县(市、区)义务教育阶段公办学校进行,按照科学交流、合理交流、公开交流、规范交流和以人为本、积极稳妥的原则,在保持学校办学优势和特色的前提下,"扬峰填谷",逐步推进,从总体上提升我省义务教育阶段的办学水平和质量。教师校际交流坚持先易后难、分步实施,先实行分片区交流,以县域内优质学校为龙头,分别联合周边农村学校、薄弱学校,形成若干个片区,在片区内进行教师校际交流。在此基础上,不断完善教师校际交流工作机制,逐步扩大教师校际交流范围。我省规定,在同一所学校工作满一定年限的教师列为应交流对象,每年交流人数原则上为应交流对象的10%左右;在同一所学校任职满两届(每届一般3~5年)的校长原则上也要进行交流。各地应重点引导优秀校长、骨干教师向农村学校、薄弱学校流动,超编学校教师向缺编学校流动。各地要坚持组织选派与教师个人志愿相结合,采取指导性交流、岗位竞聘交流、校际协作交流、个人申请交流等多种形式开展教师校际交流工作,努力确保教师校际交流工作稳步推进、规范有序。

四是完善配套措施,形成教师轮岗交流长效机制。教师校际交流事关教师切身利益。推进教师轮岗交流,必须加强政策引导,强化激励机制,坚持以人为本,解决好教师的后顾之忧。我省从2009年开始实施城镇学校教师农村任(支)教服务期制度,引导教师到农村学校、薄弱学校任教,城镇中小学教师评聘中,高级教师职务应有农村学校任(支)教1年或薄弱学校任(支)教3年的经历,其中城镇义务教育学校40周岁以下(含40周岁)教师评聘高级教师职务应有农村学校任(支)教2年以上的经历。同时对积极参与校际交流、在教育教学工作中发挥骨干示范作用的教师,在评先评优、职称评聘等方面给予倾斜;具备中、高级职称资格的教师交流到农村学校、薄弱学校工作,可优先聘任中、高级职务;交流到异校中、高级岗位的教师,其在原学校聘任的中、高级职务的细分等级可以保留。两年来,全省已有1万多名城镇教师先后到农村学校、薄弱学校支教。为消除教师后顾之忧,我省大力支持各地建设教师周转房,优先保证校际交流教师使用,切实解决校际交流教师的住房问题。

4.坚持把提升教师教学能力作为核心,切实加强教师培训工作。适应新课程改革和实施素质教育对教师队伍素质提出的新要求,坚持面向全员、突出骨干、倾斜农村的原则,实施项目带动战略,大力开展以提高教育教学能力为核心的中小学教师培训,努力建设一支高素质专业化的教师队伍。

一是实施"两个工程",重点提升农村教师素质。在大力开展农村紧缺学科教师补充工作的同时,大规模开展农村教师专项培训,努力提高农村教师适应素质教育和新课程改革的能力。2009—2012年以来,省、市、县三级教育行政部门联合组织实施"农村教师教育教学能力提升工程"和"农村校长办学治校能力提升工程",五年累计投入1.5亿元,免费对全省15万名农村教师(校长)轮训一遍,其中省级培训1万名农村教师、1千名农村校长。"两个工程"是我省首次对农村教师实施的高规格、高层次的专项培训,也是我省规模最大的一次农村教师系统培训,充分体现了省委、省政府对提升农村教师整体素质的高度重视。

二是启动"百千万人才工程",加快名优骨干教师培养。近年来,我省中小学教师队伍素质整体得到很大提升,基础教育质量持续保持较好水平,但是中小学教师中在教育教学中具有很强领军作用的骨干教师不多,在全国具有一定影响作用的名师、名校长数量较少。为加快培养我省基础教育高端人才队伍,2010年,我省启动实施"基础教育百千万人才工程",即在全省遴选100名名师培养人选和100名名校长培养人选进行重点培养,着力打造一批师德高尚、教育理论素养深厚、教育教学艺术精湛、综合素质强的名师和名校长,力争产生若干有较高知名度的教育家;在全省遴选、培养1000名学科教学带头人和1000名骨干校长,建设一支师德高尚、教育理念先进、专业基础知识扎实、教育教学能力强的学科教学带头人队伍和一支办学理念先进、管理能力强、具有开拓创新精神的骨干校长队伍;在全省培养10000名省级骨干教师,形成一支覆盖基础教育各级各类学校、学科结构合理、教育教学能力过硬的骨干教师队伍。省级财政为此投入资金3600万元。首批遴选的96名中小学教学名师和108名名校长培养人选、1001名学科教学带头人和212名骨干校长依托福建师大、福建教育学院等8所高校进行培养培训。各地也纷纷结合实际制定了骨干教师、学科教学带头人培养规划,厦门市采取"导师制"培养名师;福州市开展了名师访学研修活动,着力打造闽派特色中小学名师;漳州市实施了"名师十百千工程";龙岩市打造"红土书香"教育品牌,评选名师、名校长等。

三是举办教学技能竞赛,推动教师岗位大练兵。2010年起全省组织开展了大规模的中小学教师岗位大练兵活动。大练兵活动以学校为主体,以提升教师教育教学能力为核心,坚持"干什么、练什么""缺什么、补什么"的原则,分层次、常态化进行。全省各级教育行政部门还开展形式多样的中小学教师教学技能大赛,以赛促练、以赛促学,营造"人人学业务、个个当能手"的良好氛围。2010年省教育厅联合省总工会举办福建省首届中小学教师教学技能大赛,这是改革开放32年来福建首次举办的全省性、全学段、全学科的中小学教学技能赛事。大赛有几个显著的特色:(1)规模大。在全省34万教师岗位练兵的基础上,通过各设区市选拔,共有528名选手参赛,分成高中组、初中组、小学组、幼儿园组4个学段33个主要学科组,组委会从评委库中抽调了259位评委,组织动员150名工作人员服务赛事。(2)专业性强。比赛的项目有教学设计、片段教学、板书设计、课件制作、玩具教具制作、命题简笔画、综合素质(现场答题和试卷答题)7大项,体现教师专业特点和职业要求,有很强的针对性、实战性。(3)奖项层次高。各参赛组设特等奖1名,授予特等奖获得者"福建省五一劳动奖章"。同时,根据各设区市组织竞赛活动以及参赛选手获奖情况取前3名,授予优秀组织奖和"福建省五一先锋岗"称号。全省中小学教师教学技能大赛已成为我省中小学教师常规比赛项目,每两年举办一次,有力推动全省中小学教师广泛开展岗位大练兵,提升教学业务水平。

四是开展"送培下乡",发挥名师引领作用。在不断提高农村教师参加省、市专项培训比例的同时,我省还针对农村学校交通不便,培训师资薄弱的实际,积极探索经济、高效的农村教师培训模式。2007年以来,全省各地广泛开展名师"送培下乡"活动,组织特级教师、学科教学带头人到经济欠发达县、农村中小学校开展培训,以高层次、高质量的培训促进农村教师队伍整体素质的提高,仅省教育厅组织的名师"送培下乡"活动,已累计为 40 多个山区、海岛和经济欠发达县培训农村教师(校长)4 万多人次。同时,各设区市建立了一批名师工作室,以名师工作室为载体,以名师为引领,以学科为纽带,搭建促进中青年教师专业成长以及名师自我提升的发展平台,打造一支有成就、有影响的高层次教师团队,在引领中小学教师提升素质方面发挥重要作用。

五是坚持面授网授并举,扎实推进教师全员培训。开展全省中小学教师全员培训,突出强调教育教学能力提高,注重密切联系教育教学实际。近年来,各级教师进修院校、师范院校通过集中面授培训与远程网络培训相结合,重点组织实施了教师职业道德培训、高中教师新课程培训、班主任培训、教育技术能力培训等专项培训,2008—2012 年全省累计培训教师达 100 万人次,其中省教育厅组织的高中新课程教师省级培训 16 万人次,班主任培训约 6 万人次(含参加国家级远程培训 1.1 万人次),教育技术能力培训 2 万余人次,另有 5 万多人参加了英特尔未来教育核心课程培训,为我省基础教育课程改革的顺利实施奠定了坚实的师资基础,有力促进了班主任工作水平和教师教育技术能力的提高。

六是加强进修院校建设,完善教师培训体系。大力加强省、市、县三级教师进修院校建设,积极构建以教师进修院校为主体,师范院校、优秀中小学校共同参与的灵活、开放的教师培训体系。2008 年,省政府决定大力加强福建教育学院建设,强化其培训和教研功能,把福建教育学院建设成为全省中小学教师省级培训主要基地和中小学教师继续教育的政策研究咨询和业务指导中心。同时,以开展省级示范性县级教师进修学校评估工作为抓手,推进各县(市、区)教师培训、教研、电教等资源整合,努力将县级教师进修学校建设成为县域内教师学习和资源中心,全省已评估认定示范性县级教师进修学校 27 所,其中国家级示范校 2 所。近年来,全省教师进修院校深入实施"三级联盟"计划,广泛开展八个方面的合作,即共同研制培训方案、共享共用培训师资资源、共建共用培训基地、共建共享网络信息资源平台、共同办好基础教育刊物、联手承接培训业务、联合开展基础教育热点难点问题调查研究、共同实施人才强校战略,实现资源共享、优势互补,形成强大培训教研实体,成为支撑中小学教师专业成长的有力平台。

5. 坚持把提高教师地位待遇作为重要保障,努力调动教师工作积极性。稳步提高教师地位待遇,着力保障"优者从教、教者从优",切实增强教师的职业吸引力,有效激发广大教师教书育人的事业心和责任感,越来越多的优秀人才选择从教,越来越多的基层教师享受到职业幸福感。

一是评选杰出人民教师,不断加大对优秀教师表彰和奖励力度。2004年福建省委、省政府评选表彰首届"福建省杰出人民教师"33名,奖励每位教师一辆东南菱帅轿车;2009年省委、省政府评选表彰第二届"福建省杰出人民教师"33名,奖励每位教师一辆价值32万元的"大捷龙"商务车,并建立起三年一届的评选表彰机制;2012年评选出第三届"福建省杰出人民教师"33名,省委、省政府在教师节期间召开隆重的表彰大会进行表彰。在已评出的99名"福建省杰出人民教师"中,中小学教师共69名,其中农村教师13名。同时,我省每三年一次评选表彰省优秀中小学校长、优秀农村教师,每四年一次评选福建省特级教师,2000—2012年以来已有562人被授予特级教师荣誉称号,有300人被评为省优秀中小学校长、500人被评为省优秀农村教师。各地也普遍建立优秀教师评选机制,营造尊师重教的浓厚氛围。省教育厅还专门设立了中小学幼儿教师奖励基金,表彰奖励模范教师、优秀教师、师德标兵以及长期在农村任教的优秀教师,并与省委组织部联合组织优秀农村教师赴北京休假活动。我省是著名侨乡,海外华侨有尊师重教、捐资兴学优良传统。全省注重充分利用侨资侨力,设立各种奖教金,表彰奖励优秀教师,如海外侨胞林尚德先生发起成立的尚德教育基金会,与省教育厅合作设立了1000万元的"优秀农村教师奖励金",2009年起十年奖励1000名"福建省优秀农村教师",每人奖金1万元人民币,至2012年已奖励400名优秀农村教师。

二是实施绩效工资制度,切实提高教师待遇水平。2004年,我省全面建立中小学教师工资国库统一发放机制,解决了农村教师被拖欠工资的问题。2008年,在全国率先提高中小学教师津贴补贴标准,省级财政从当年超收的21.65亿元中拿出12.55亿元,支持地方财政提高中小学教师工资,确保县域内教师平均工资水平不低于当地公务员平均工资水平,确保县域内农村教师待遇不低于城镇教师待遇,并建立了中小学教师与公务员工资联动机制。2009年,全面实施中小学校绩效工资改革,将义务教育学校实施绩效工资所需经费全额纳入财政预算,教师工资待遇有了较大幅度的提高。同时,切实发挥绩效工资打破大锅饭,奖勤罚懒、奖优罚劣的激励和约束作用,充分调动广大教师的积极性、创造性。

三是关注特殊困难群体,努力维护教师合法权益。按照《民办教育促进法》规定,积极落实民办学校教师在业务培训、教龄和工龄计算、职务聘任、表彰奖励、社会活动等方面与公办学校教师享有同等权利;规范民办学校教职工聘用合同,明确民办学校与聘用教职工的权利义务,督促民办学校按合同兑现教职工的工资、福利待遇,为教职工缴纳社会保险、住房公积金,并参照公办学校岗位结构标准聘任具备相应职称的教师,切实维护民办学校教师合法权益。我省民办教师退养工作做得比较早、也比较好,在绩效工资改革中注意将民办退养教师统筹列入考虑,确保稳定,同时采取招聘、转岗、辞退、补偿等多种措施妥善解决了3000多名代课教师问题。将长期在农村任教,且有实际困难的教师住房纳入当地保障性住房建设体系,如闽侯县2011年共有100多户山区教师家庭申请到位于县城最好地段的"两限房",确保教师安居乐业。每年教师节和春节期间,各级党委和政府都组织开展走访慰问和扶贫救助活动,对家庭经济比较困难的教师在生活上尽最大努力给予关心和帮助,切实解决他们生活上的后顾之忧,让他们能够安心工作。

(二)福建省加强中小学教师队伍建设的经验启示

几年来,福建省加强中小学教师队伍建设工作受到上级领导和社会各界的广泛关注。国务院副总理刘延东同志专门批示肯定我省加强农村教师队伍建设的举措;省教育厅先后应邀在教育部年度会议和全国教育人才工作会议上介绍中小学教师队伍建设经验;中央电视台、《人民日报》和《中国教育报》等主流媒体近三年报道我省教师队伍建设工作情况达52篇次。福建省中小学教师队伍建设的经验启示主要有以下几个方面:

1. 必须加强组织领导。党委政府重视是加强中小学教师队伍建设的前提。加强教师队伍建设要形成党委政府高度重视,教育行政部门牵头负责,有关部门积极配合的中小学教师队伍领导管理体制。福建省委、省政府高度重视中小学教师队伍建设,2008年省政府出台了《关于进一步加强中小学教师队伍建设的意见》,2009年,省政府召开了改革开放以来首次全省中小学教师队伍建设工作会议,对加强中小学教师队伍建设做出了全面部署。近几年来,原省委书记孙春兰、省长苏树林多次听取教育工作汇报,深入中小学校调研,对加强中小学教师建设作出重要指示和明确要求。2004年,我省在全国率先建立了省、市、县三级教育工委体制,由各级党委常委兼任教育工委书记,全面负责当地学校党建、干部管理和重大教育改革发展方针制定,在加强中小学教师队伍建设的统筹协调方面发挥了重要作用。时任省委常委、副省长、省委教育工委书记陈桦倾情关注中小学教师队伍建设,悉心指导并亲自修改教师队伍建设的重要文件,亲自协调省直有关部门落实中小学教师队伍建设政策措施。全省各级党委、政府主要领导,都把加强中小学教师建设摆上重要议事日程,亲自过问、亲自抓,为加强教师队伍建设提供强有力的组织保障。在各级党委、政府的重视支持下,各级教育行政部门根据省政府对教育、财政、人事、编制等有关部门在中小学教师队伍建设中的职责分工要求,发挥主体作用,积极主动作为,加强沟通协调,努力争取各方的配合和支持,努力形成齐抓共管的工作格局。

2. 必须做好顶层设计。随着教育改革逐渐步入"深水区",积累下来的主要是体制性、政策性的问题和矛盾,加强教师队伍建设必须强化以提升教师队伍整体素质为主题的政策引领。我省在加强中小学教师队伍建设工作中,始终坚持自上而下原则,从制度层面、政策层面,做好总体设计和系统谋划。几年来,省政府相继出台了《关于进一步加强中小学教师队伍建设的意见》、《福建省 2010—2012 年教育改革和发展的重点实施意见》、《福建省中长期教育改革和发展规划纲要(2010—2020 年)》,对中小学教师队伍建设进行了近期、中期和远期发展规划。按照省政府的部署,省教育、人事、编制、财政等部门密切配合,紧紧围绕提升中小学教师队伍整体素质这一发展主题,逐项制订出台改革的指导意见,实施了一系列配套的"组合拳":如通过增加编制、吸引优秀毕业生到农村任教、加强农村教师培训等,着力补"短板",提升农村教师队伍的整体素质;通过补充紧缺学科教师,引导超编教师、富余学科教师进行转岗、校际交流、农村支教等,着力调结构,提升教师队伍的学科适应性和发展均衡性;通过全员培训、岗位练兵、技能大赛等,着力增素质,提升教师队伍的教育教学能力;通过公开招聘、绩效工资、表彰奖励等,着力添活力,提升教师队伍的整体竞争力。从而,使得中小学教师队伍建设既有系统设计、整体谋划,又有配套措施、重点突破,形成了比较完整、系统的政策体系。中小学教师队伍建设发展目标明确,改革线路图清晰,基层工作有章可循,确保全省中小学教师队伍建设取得实效。

3. 必须推进改革创新。教育要发展,根本靠改革。加强教师队伍建设必须着力破解束缚中小学教师队伍建设的重点难点问题。几年来,福建教育人发扬"敢拼会赢"的改革精神,以体制、机制和制度的纵深改革为突破点和着力点,勇于先行先试,着力解决教师队伍建设中牵动教育改革发展全局的主要工作、事关长远的重大问题、关系民生的紧迫任务,不断为基础教育改革发展注入源头活水。如在全国率先提高了农村学校教职工编制标准,并且实行员生比与班师比相结合的编制核定标准,初步解决了编制标准"城乡倒挂"的问题;积极创新农村教师补充机制,实施农村紧缺师资代偿学费计划、经济困难县补充农村学校教师资助计划等,较好地解决了高校毕业生到农村任教下不去、留不住的问题；明确了中小学教师"以县为主"管理的体制，并在全国率先实施了全省中小学教师公开招聘制度、县域内义务教育学校教师校际交流制度，创造性地实践了"国标、省考、县聘、校用"的中小学教师队伍管理机制，教师队伍两项改革被确定为国家教育体制改革试点项目。在全国率先与公务员同步调整提高全省中小学教师津补贴水平，依法保障教师权益，有效维护了中小学教师队伍的稳定。同时，在改革实施过程中，坚持科学论证、试点先行、因地制宜、整体推进，把握好改革的节奏和力度。看准了就大刀阔斧，一步到位；有争议的就试点先行，摸索前进。因势随形、知变则胜，不断与时俱进和改革创新，走出了一条符合时代特征、具有福建特色、适应教育发展需要的中小学教师队伍建设路子。

4. 必须抓好工作落实。中小学教师队伍建设有了清晰坚定的目标，关键在落实、关键在实效。抓好工作落实，就是要在主动运作、实干实效上下功夫，确保中小学教师队伍建设的目标任务落实基层、落到实处。2008 年起，省政府每年都把教师队伍建设的重点和主要目标任务，列入对教育行政部门的绩效考核指标。省委教育工委、省教育厅围绕省政府确定的目标任务，建立责任分解机制，构建纵向联动、横向协调、内外统筹的工作落实体系。几年来，省教育厅积极协调编制、人事、财政等部门逐项制订配套政策和实施办法，逐项解决了教师编制、工资待遇、教师培训、职称评审、岗位聘任、交流轮岗、经费保障等诸多问题，坚持干一件是一件、干一件成一件，使各项改革"花开有果、落地有声"，看得见、摸得着，广大基层学校和教师实实在在感受到改革的变化、改革的成效。同时，我省将中小学教师队伍建设的落实情况列入了"教育强县"、"对县督导"和义务教育均衡发展督导评估范围，建立常态化的督导评估机制，有力地促进了基层落实中小学教师队伍建设的各项政策措施。

5. 必须坚持以人为本。以人为本是科学发展观的本质与核心。教师队伍建设的主体是教师，加强中小学教师队伍建设就是要牢固树立尊重教师、依靠教师、服务教师的理念，把满足教师终身学习和全面发展的需要，把解决好广大教师最关心最直接最现实的利益问题，实现好维护好发展好最广大教师的根本利益，作为教师队伍建设工作的出发点和落脚点，充分调动教师的积极性、主动性、创造性，使教师真心参与改革、真正支持改革。在中小学教师队伍建设的工作中，我省始终坚持以人为本，注重倾听基层教师意见，及时回应基层教师的关切。近年来，通过开展绩效工资改革、教师轮岗交流、教师职称评聘改革、教师工作负担、青年教师心理压力等涉及广大教师切身利益问题的专项调研，使出台的各项政策具有很强的现实性、操作性。如，在听取基层教师意见的基础上，完善教师轮岗交流制度，除了进一步加大优惠政策支持引导力度以外,特别规定:因病、孕等原因不能坚持正常教育教学工作的教师不纳入交流;交流到农村学校、薄弱学校的教师,参与"二次交流"时,应优先考虑其交流意愿等。基层学校教师反映,教师轮岗交流措施非常具体、非常人性化。在以人为本、做好服务的同时,注意妥善处理好改革、发展、稳定的关系,坚持依法治教、从严治教,不断加强教师队伍的管理,引导教师规范职业行为,正确反映利益诉求,切实维护中小学教师队伍稳定。

6. 必须突出专业导向。教师专业化是教师职业发展的重要趋势。实践证明,教师专业化发展需要有专业化的机构和专业化的队伍来支撑引领。长期以来我省教师进修院校在中小学教师学历提升、业务培训、教研科研和促进教师专业化发展工作中发挥重要作用。近年来,受教师教育职前职后一体化趋势的影响,许多地方教师进修院校功能逐步被淡化、弱化、边缘化,有的被撤并、取消,教师培训体系出现"网破、线断、人散"的局面。从全省教师进修院校系统比较健全、与基层中小学联系十分紧密的实际出发,我省积极强化教师进修院校在中小学教师培训、教研工作的主渠道、主阵地作用。2008 年福建省委、省政府决定保留福建教育学院,大力加强福建教育学院建设,将其建设成为全省中小学教师省级培训主要基地和中小学教师继续教育的政策研究咨询和业务指导中心。近年来,福建教育学院坚持以培训为主业,坚持改革创新,逐步成为专业化的培训机构,在全省中小学教师继续教育工作中发挥引领带动作用。在各县(市、区)政府的重视支持下,全省 84 所县级教师进修校,已有 74 所进行了培训和教研机构的整合,占县级教师进修校总数的 88%,县级教师进修校基础能力建设得到加强,成为形成上联高校、下联中小学的区域性教师学习与资源中心,在集中培训、远程培训和校本研修的组织协调、服务支持等方面发挥重要作用,成为中小学教师专业成长的重要支撑平台。

7. 必须加大经费投入。加大经费投入,建立经常性的中小学教师队伍建设的经费保障机制,是加强中小学教师队伍建设的关键之举。尽管福建省的财力并不宽裕,但历届省委、省政府都格外支持教育事业发展,形成了重视教育、办好教育的传统,对教育的投入不断加大,从 2001 年起,福建省预算内教育经费占财政支出比重连续十年居全国首位。随着各级财政对教育投入的不断加大,对中小学教师队伍建设的投入也水涨船高。2008 年起,省级财政每年补贴地方 12.55 亿元,在全国率先提高了中小学教师津补贴标准。2012 年省财政核拨中小学教师队伍建设专项经费已达 7500 万元,是 2007 年的 15 倍。其中,仅核拨给福建教育学院的省级教师培训经费就达 1700 万元。省政府相关文件还明确规定,各级财政部门要按教职工年度工资总额 1.5%～

2.5％的标准,核拨教师继续教育经费,并落实教师培训专项资金。农村中小学要按学校年度公用经费预算总额的 5％安排教师培训经费,用于教师参加培训所需的差旅费、伙食补助、资料费和住宿费等开支。

二、福建省中小学教师队伍结构和培训现状调查分析

总体上看,我省中小学教师队伍建设得到有力加强,中小学教师队伍数量满足需求、结构不断优化、素质持续提升,基本满足基础教育教学需要。同时,我省中小学教师队伍仍存在学历结构、年龄结构、学科结构不合理的现象,教师资源在城乡之间、区域之间、校际之间配置不够均衡的问题,部分教师特别是农村教师学科专业素养和教育教学能力有待提高,教师队伍合理流动机制有待完善,教师培训体系有待完善,教师队伍管理还需进一步加强等。

(一)福建省中小学教师队伍结构现状分析

从我省中小学教师总量及结构分析,我省中小学教师队伍具有以下几个特点:

1. 教师数量及分布情况。从统计数据分析,我省教师数量基本满足需要,配置状况总体改善,但城乡、区域、学科之间分布仍不均衡。

其一,从总量上分析。2001—2011 年,我省中小学教师总体数量保持稳定,其中小学教师减少 14.56％,初中教师基本持平,高中教师增长 91.07％。至 2011 年,全省中小学专任教师总数 305507 人,其中小学 155337 人、初中97795 人、高中 52375 人。从生师比分析,全省义务教育阶段教师超编 41211人,高中阶段教师缺编 2968 人,全省中小学教师总量上超编 38243 人。

表 2-1　2001—2011 年福建省中小学专任教师数量变化总体情况　　单位:人

年份	小学	初中	高中	合计
2001 年	181816	98455	27411	307682
2005 年	166465	98982	45328	310775
2010 年	156601	99333	52136	308070
2011 年	155337	97795	52375	305507

资料来源:福建省教育厅.福建省教育事业统计简明资料(2001 年)、(2005 年)、(2010年)、(2011 年)

表 2-2　2011 年全省中小学专任教师数量情况

	学生数(人)	学生与专任教师比			
		省定标准	可配教师	现有生师比	现有教师
小学	2460858	19.5∶1	126198	15.8∶1	155337
初中	1157266	13.5∶1	85723	11.8∶1	97795
义务教育阶段合计	3618124		211921		253132
普通高中　城区	284201	12.5∶1	22736	13.45∶1	21133
普通高中　镇区	386895	13∶1	29761	13.68∶1	28291
普通高中　乡村	38419	13.5∶1	2846	13.02∶1	2951
普通高中阶段合计	709515		55343	13.54∶1	52375

资料来源:福建省教育厅.福建省教育事业统计简明资料(2011 年)

其二,从城乡分布上分析。2001—2011 年,全省中小学生师比逐年降低并趋于合理。2011 年,全省生师比小学为 15.8∶1、初中为 11.8∶1、高中为 13.54∶1,小学阶段城区学校近几年生源不断膨胀,生师比高于省定标准,而镇区、农村学校生师比均低于省定标准,教师大量富余;初中阶段城区学校生师比略高于省定标准,镇区、乡村学校生师比低于省定标准,教师较多富余;高中阶段城区和镇区学校生师比高于省定标准,教师数量相对不足。

表 2-3　2001—2011 年小学生师比总体情况

年份	小学	初中	高中
2001 年	19.50	19.73	16.07
2005 年	16.42	17.87	16.16
2010 年	15.25	12.83	13.55
2011 年	15.8	11.8	13.54

资料来源:福建省教育厅.福建省教育事业统计简明资料(2001 年)、(2005 年)、(2010年)、(2011 年)

表 2-4　2011 年全省中小学分城乡学生与专任教师比情况

	城区学生与专任教师的比		镇区学生与专任教师的比		乡村学生与专任教师的比	
	省定标准	现有状况	省定标准	现有状况	省定标准	现有状况
小学	19.5	21.15	19.5	16.1	19.5	11.7
初中	13.5	13.9	13.5	11.7	13.5	9.8
高中	12.5	13.5	13	13.7	13.5	13.0

资料来源:福建省教育厅.福建省教育事业统计简明资料(2011 年)

其三,从学科分布上分析。近几年,随着中小学教师补充机制不断完善,各地重点补充一批紧缺学科教师,中小学教师学科结构得到有效改善,但师资在不同学段、不同学科中配置不均衡的状况仍然存在。2011 年,全省小学专任教师中,语文、数学专任教师占 73.56%,英语教师占 4.02%,音乐、体育、美术教师的比例不足 10%,与新课程设置比例要求对比,语文、数学等传统学科教师仍显过剩,音乐、体育、美术、英语、信息技术等学科专任教师仍显不足,能够承担科学、艺术、综合实践活动等综合性课程的复合型教师更为缺乏。

表 2-5　2011 年全省小学分学科专任教师情况

学科	思想品德	语文	数学	英语	体育	科学
专任教师人数(人)	4655	61536	52740	6240	6131	3536
比例(%)	3.00	39.61	33.95	4.02	3.95	2.28

学科	艺术	音乐	美术	综合实践	其他	本学年不授课
专任教师人数(人)	390	4316	4198	4492	5151	1952
比例(%)	0.25	2.78	2.70	2.89	3.32	1.25

资料来源:福建省教育厅.福建省教育事业统计简明资料(2011 年)

表 2-6　2011 年全省初中分学科专任教师情况

学科	政治	语文	数学	英语	科学	物理	化学	生物	历史社会	地理
专任教师人数(人)	7464	17750	16901	16394	41	6330	3972	4027	182	3887
比例(%)	7.66	18.22	17.35	16.83	0.04	6.50	4.08	4.13	0.19	3.99

学科	历史	信息技术	通用技术	体育健康	艺术	音乐	美术	综合实践	其他	本年无授课
专任教师人数(人)	5207	6	1	5477	43	2042	2396	3290	875	1150
比例(%)	5.34	0.01	0	5.62	0.04	2.09	2.46	3.38	0.89	1.18

资料来源:福建省教育厅.福建省教育事业统计简明资料(2011 年)

表 2-7 2011 年全省高中分学科专任教师情况

学科	政治	语文	数学	英语	物理	化学	生物	历史	地理
专任教师人数（人）	3435	7996	8075	8008	4641	4497	3340	3128	2986
比例（％）	6.56	15.27	15.42	15.29	8.86	8.59	6.38	5.97	5.70
学科	信息技术	通用技术	体育健康	艺术	音乐	美术	综合实践	其他	本年无授课
专任教师人数（人）	1191	466	2560	41	750	744	42	262	213
比例（％）	2.27	0.89	4.89	0.08	1.43	1.42	0.08	0.50	0.40

资料来源：福建省教育厅.福建省教育事业统计简明资料(2011 年)

2.教师学历提升情况。教师的学历代表其曾经接受正规教育的程度，在一定程度上反映一个人的知识层次和知识结构，是衡量一个人知识水平的标准之一。虽然学历的高低不能完全代表教师的教学能力和教学水平，但如果教师的文化程度偏低，缺乏专业理论知识和全面的知识结构，就难以满足基础教育改革发展的要求。从统计数据分析，我省教师学历合格率已经达标，高学历教师比例进一步提高，但与发达地区相比还有差距。截止 2011 年底，全省小学、初中、高中专任教师学历合格率分别达到 99.72％、99.24％、95.26％，分别比 2001 年提高 2.65 个百分点、0.61 个百分点、30.74 个百分点，与全国平均水平基本持平；其中专科以上小学教师、本科以上初中教师、研究生学历高中教师的比例分别为 77.94％、78.44％、3.03％，分别比 2001 年提高 60.23 个百分点、67.25 个百分点、2.79 个百分点。但 2011 年全省小学专任教师学历提高率、普通高中专任教师学历合格率和提高率与部分中西部地区和沿海发达地区还有差距。由于历史原因，全省中小学校教师的第一学历普遍较低，大部分教师的合格学历为职后取得，虽然教师学历层次普遍提高，但教师学历进修中存在"重层次，轻专业"的倾向，"学非所教"的问题比较突出。

表 2-8 2001—2011 年全省中小学教师学历合格率与提高率　　　　单位％

	小学教师学历		初中教师学历		高中教师学历	
	合格率	提高率	合格率	提高率	合格率	提高率
2001 年	97.07	17.71	95.85	11.19	64.52	0.24
2005 年	98.84	48.54	97.49	35.52	79.15	0.90
2010 年	99.52	74.16	98.98	72.61	93.4	1.58
2011 年	99.72	77.94	99.24	78.44	95.26	3.03

资料来源：福建省教育厅.福建省教育事业统计简明资料(2001 年)、(2005 年)、(2010 年)、(2011 年)

表 2-9　2011 福建省中小学专任教师学历提高率与省外对比情况　　单位：%

地区	福建	辽宁	广西	河南	江苏	浙江	陕西
小学	77.94	84.6	77.96	80.76	87.48	89.69	88.41
初中	78.44	73.5	66.56	55.55	81.68	86.97	69.4

资料来源：福建省教育厅.福建省教育事业统计简明资料(2011 年),2011 年各省教育事业统计公报

表 2-10　2011 福建省普通高中专任教师学历与省外对比情况　　单位：%

地区	福建	全国	广西	河南	江苏	浙江	辽宁	山东
合格率	95.26	95.73	94.76	95.47	98.32	98.8	98	97.47
提高率	3.03	3.6 *	4.44	5.29	6.7			

资料来源：福建省教育厅.福建省教育事业统计简明资料(2011 年),2011 年各省教育事业统计公报。数据后加 * 的为 2010 年数据

3. 教师年龄结构情况。教师的年龄结构是指教师群体内部不同年龄层次的比例和相互关系的组合形式,它是教师群体结构中重要的亚结构。实践证明,合理的年龄结构不仅可以发挥教师队伍整体水平的最大效能,而且处在不同年龄时期的教师,不仅知识、能力、技能以及实践经验的积累等各方面不尽相同,同时也体现出不同的特点和倾向性,在相当程度上反映了教师的教学活力和潜力。从统计数据分析,我省教师年龄结构总体合理,中青年教师成为主体,但农村教师队伍老化问题突出。2011 年,全省 35 岁以下的小学、初中、高中教师分别为 42.41%、44.02%、48.33%,45 岁以下的小学、初中、高中教师分别占 71.20%、87.66%、86.53%,中青年教师成为中小学教师主体,教师年龄结构不断优化。但农村教师队伍老化问题较突出,根据 2010 年的统计,全省农村小学 51 岁以上教师比例为 24.5%,分别比县镇和城市高 10.78 个百分点和 14.91 个百分点。如武平县小学(幼儿园)教职工平均年龄达 42.6岁,武夷山市中小学教师平均年龄达到 43 岁。

表 2-11　2011 年全省中小学专任教师年龄情况　　单位：人(%)

年龄(岁)		25 及以下	26～30	31～35	36～40	41～45	46～50	51～55	56～60	61 及以上
小学	人　数	10070	20799	35008	26087	18642	18252	18945	7473	47
	百分比	6.49	13.39	22.54	16.79	12.00	11.75	12.20	4.81	0.03

续表

年龄（岁）		25及以下	26～30	31～35	36～40	41～45	46～50	51～55	56～60	61及以上
初中	人　数	5027	13078	24945	25659	17017	6968	3173	1694	54
	百分比	5.14	13.40	25.55	26.29	17.43	7.14	3.25	1.74	0.06
高中	人　数	3204	11228	10878	10758	9251	4784	1486	703	83
	百分比	6.12	21.44	20.77	20.54	17.66	9.13	2.84	1.34	0.16

资料来源：福建省教育厅.福建省教育事业统计简明资料（2011 年）

表 2-12　　2010 年全省小学专任教师分城乡年龄情况　　单位：人（％）

年龄（岁）		25及以下	26～30	31～35	36～40	41～45	46～50	51～55	56～60	61及以上
城市	人　数	3816	7305	9672	7145	4103	3492	2956	804	8
	比例	9.70	18.59	24.61	18.18	10.44	8.89	7.52	2.05	0.02
县镇	人　数	2534	8834	13115	10152	6504	6949	5788	1836	15
	比例	4.55	15.85	23.53	11.67	12.47	10.39	3.29	0.03	
农村	人　数	2736	8958	11713	8115	6132	8844	10725	4343	17
	比例	4.44	14.54	19.02	13.18	9.96	14.36	17.42	7.05	0.03

资料来源：福建省教育厅.福建省教育事业统计简明资料（2010 年）

4. 教师职称结构情况。从统计数据分析，我省教师专业技术职务结构总体上不断改善，中高级职称比例进一步提高，但高级职称聘任比例偏低。2011年，全省小学、初中、高中具有中高级职务的教师比例分别为 61％、59.24％、63.75％，分别比 2005 年提高 26.34 个百分点、24.41 个百分点、12.32 个百分点，比 2001 年提高 40.1 个百分点、38.06 个百分点、16.42 个百分点，教师职务结构总体上不断改善。但由于中小学教师尤其是农村学校教师高级职称聘任比例偏低，加上评聘分开产生的大批有资格待聘的教师，导致许多教师停留在中级职称而长期得不到晋升机会。由于教师工资是与职称挂钩的，中小学教师高级职称聘任比例偏低，意味着在同一标准下，教师的工资收入较低，不合理的职称结构，导致许多农村教师失去了持续提高教学能力的热情和专注于农村基础教育的积极性、创造性。

表 2-13　全省小学专任教师职称情况　　　　　单位:人(%)

职称类别		中学高级	小学高级	小学一级	小学二级	小学三级	未评职称	合计
2001 年	人数	323	37674	91061	44462	680	7616	181816
	比例	0.18	20.72	50.08	24.46	0.37	4.19	100.00
2005 年	人数	566	57128	92016	12987	342	3426	166465
	比例	0.34	34.32	55.28	7.80	0.20	2.06	100.00
2011 年	人数	1602	93148	47592	5497	229	7269	155337
	比例	1.03	59.97	30.63	3.54	0.15	4.68	100.00

资料来源:福建省教育厅.福建省教育事业统计简明资料(2001 年)、(2005 年)、(2011 年)

表 2-14　全省初中专任教师职称情况　　　　　单位:人(%)

职称类型		中学高级	中学一级	中学二级	中学三级	未评职称	合计
2001 年	人数	3113	17735	52673	16850	8084	98455
	比例	3.16	18.01	53.50	17.12	8.21	100.00
2005 年	人数	6510	27964	51993	7128	5387	98982
	比例	6.58	28.25	52.53	7.20	5.44	100.00
2011 年	人数	15109	42823	34832	1511	3520	97795
	比例	15.45	43.79	35.61	1.55	3.60	100.00

资料来源:福建省教育厅.福建省教育事业统计简明资料(2001 年)、(2005 年)、(2011 年)

表 2-15　全省高中专任教师职称情况　　　　　单位:人(%)

职称类型		中学高级	中学一级	中学二级	中学三级	未评职称	合计
2001 年	人数	4312	8657	11360	943	2139	27411
	比例	15.73	31.58	41.44	3.44	7.81	100.00
2005 年	人数	8201	15102	17646	798	3581	45328
	比例	18.09	33.32	38.93	1.76	7.90	100.00
2011 年	人数	13926	19455	17104	250	1640	52375
	比例	26.59	37.14	32.66	0.48	3.13	100.00

资料来源:福建省教育厅.福建省教育事业统计简明资料(2001 年)、(2005 年)、(2011 年)

5. 教师性别结构分析。从统计数据分析,我省教师性别结构处于相对均衡状态,女教师数量逐年增长,小学教师性别失衡状况较为严重。2011 年,全省中小学专任教师男女性别比为 47.79:52.21,处于相对平衡状态。其中,高中男女教师性别比为 54.59:45.41、初中为 56.61:43.39、小学为 39.95:60.05,除小学之外,初、高中男教师的比例均高于女教师的比例,但从发展态势看,无论小学、初中或者高中,女教师比例均呈现出逐年增长的态势,近几年全省新录用教师中女教师比例远远高于男教师,如 2011 年福州新招聘教师 594 名,男教师只有 55 人,不到一成,按照这样的发展趋势推测,初、高中女教师的比例将分别在未来 3～5 年后超过 50%,届时在性别结构上,女性教师占全体专任教师比例严重失调的现象将长期存在。

表 2-16 2005—2010 年我省中小学女专任教师所占比例情况　　　单位:%

学 段	2005 年	2006 年	2007 年	2008 年	2009 年	2010 年	2011 年
高中	39.04	40.46	41.76	42.84	43.95	44.73	45.41
初中	39.38	40.06	40.99	41.67	42.36	42.91	43.39
小学	55.54	55.94	56.34	57.24	58.05	59.27	60.05

表 2-17 2005—2010 年我省中小学新录用教师女教师所占比例　　　单位:%

学 段	2005 年	2006 年	2007 年	2008 年	2009 年	2010 年	2011 年
高中	53.81	58.87	62.34	65.05	68.14	67.07	73.37
初中	57.07	62.38	63.26	65.46	69.80	73.72	72.87
小学	74.31	79.52	81.77	81.66	82.00	85.12	86.12

6. 骨干教师队伍情况。从统计数据分析,我省教师队伍总体素质提高,人才梯队基本形成,但骨干教师的辐射力、影响力仍显不足。骨干教师是教师队伍的中坚力量,是各个学科教学的带头人,对广大教师有重要的引领作用。2011 年我省现有省级教学名师培养人选 96 名、在职特级教师 505 名、省级学科教学带头人(含培养对象)2723 名、县级以上骨干教师 53372 人,教师人才梯队基本形成。但我省骨干教师多集中在县城中心校以上的学校,入选百名名师培养人选的农村教师不足 5%,入选 2010 年千名学科教学带头人培养对象也仅占 20%左右,农村特级教师仅 33 人,乡村小学县级以上骨干教师比例比城区、镇区低 10 个百分点。同时,我省骨干教师对教学方法、教学经验进行总结提炼得不够,没有有影响的教学论著,也没有产生在全国有影响的名师。

表 2-18　2011年全省中小学县级及以上骨干教师占专任教师情况

	合计		小学		初中		高中	
	人数	比例	人数	比例	人数	比例	人数	比例
总计	53372	17.47%	27549	17.73%	16059	16.42%	9764	18.65%
城区	17210	19.14%	8826	21.29%	4339	15.88%	4045	19.14%
镇区	24620	18.82%	12002	21.28%	7380	16.0%	5238	18.51%
乡村	11542	13.61%	6721	11.69%	4340	17.83%	481	16.3%

　　根据上述分析可见,当前和今后一个时期,我省中小学教师队伍建设的主要任务是"调整结构、提升素质",要以科学发展观为指导,以适应素质教育和率先基本实现教育现代化为总要求,以提高教师队伍专业化水平和整体素质为核心,以优化结构为主线,以加强骨干教师队伍建设为重点,统筹规划,创新机制,强化保障,努力建设一支数量充足、师德高尚、业务优良、结构合理、充满活力的高素质专业化教师队伍。具体目标:一要稳定教师队伍总量。逐步降低生师比,适应推行小班化教学和率先基本实现教育现代化的需要。二要优化教师队伍结构。普遍提高教师队伍学历层次,合理配置城乡中小学教师高、中、初级专业技术岗位结构比例,加强薄弱学科教师队伍建设,满足新课程教育教学改革的需要。三要着力提升教师能力素质。增强教师参与专业发展培训和终身学习的自觉性,普遍提升教师的专业意识、专业知识和专业技能,使其能更好地适应实施素质教育的要求。四要建设名优骨干教师队伍。完善名优骨干教师评选和管理办法,建立名优教师骨干梯队培养机制,打造基础教育高端人才队伍,力争产生一批在全省发挥引领作用,在全国有一定影响的教育家型教师。

(二)福建省中小学教师培训现状调查分析

　　教师是一种职业,但不是一般的职业,具有很强的专业性。教师只有具备足够的专业能力,成为教育教学方面的"临床专家",才能满足教育改革发展需要。教师在职培训是促进教师专业化发展的有效途径。国务院《关于加强教师队伍建设的意见》要求,加强教师养成教育和教育教学能力训练,大力提高教师专业化水平;国家和福建省中长期教育改革和发展规划纲要对新时期教师培训工作提出新的要求,新一轮中小学教师全员培训工作已经全面启动。从宏观上全面了解我省中小学教师的专业发展培训现状,深入分析中小学教师专业发展培训的主要需求和存在的问题,对于教育行政部门和各级教师培训机构制定教师专业化发展规划,加强教师队伍建设具有十分重要的意义。课题组通过网络问卷调查的方式,对我省中小学教师培训现状进行了较深入的大样本调查,为提出相关政策建议提供了科学依据。

1. 调查基本情况

课题组参照 2008 年教育部"中小学教师培训制度、模式和质量研究"调查问卷,通过"问卷星"网站编制网络调查问卷,在福建基础教育网设置"中小学教师培训体系调查研究"专栏,按照分层抽样调查原则,发函给全省 9 个设区市的 18 个县(市、区)教育局和教师进修学校,要求每个县(市、区)组织 150 名和 15 名校长参加问卷填报,同时在参加福建教育学院 2012 年义务教育新课标骨干教师培训、高中新课程推进性实施骨干教师培训等班次的学员中组织问卷填报。截止 2012 年 10 月 30 日,共回收有效问卷 2555 份,其中,中小学教师问卷 2323 份,中小学校长问卷 232 份。问卷回收后,课题组对问卷进行检验性剔除,问卷效度评价结果表明,调查样本分布比较全面,符合抽样原则,具有一定代表性。调查对象基本情况如下:

(1)从区域分布看,福州占 8.8%、厦门占 3.8%、莆田占 13.5%、三明占 23.7%、泉州占 15%、漳州占 12.7%、南平占 10.4%、龙岩占 3%、宁德占 8.5%、平潭占 0.07%。

表 2-19 调查对象区域分布一览表

地区	福州	厦门	莆田	三明	泉州	漳州	南平	龙岩	宁德	平潭
人数	227	98	347	607	385	326	267	77	219	2
百分比	8.88	3.84	13.58	23.76	15.07	12.76	10.45	3.01	8.57	0.08

(2)从性别分布看,男教师占 47.65%,女教师占 52.35%。调查样本性别比例与全省中小学教师性别比例基本一致。

(3)从年龄结构上看,30 岁以下占 10.07%,30~39 岁占 45.80%,40~49 岁占 36.81%,50~59 岁占 7.32%。调查对象以中青年教师为主,年龄集中分布在 30~49 岁之间,占总人数的 83%,与我省中小学教师队伍年龄结构基本一致。

(4)从学历层次看,专科及以下占 25.79%、本科占 72.41%、研究生(含在职硕士、研究生课程班)占 1.8%。调查结果显示,相当一部分教师的入职学历较低,但他们都通过参加各种学历教育,提升自己学历层次。

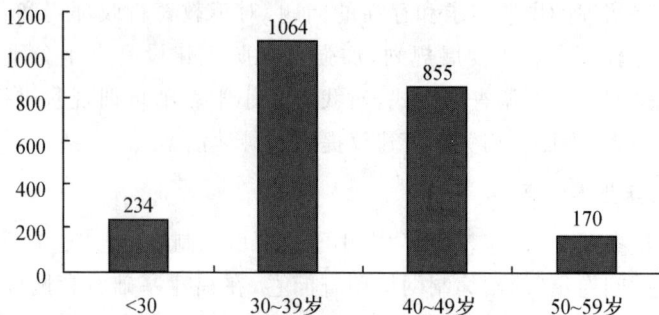

图 2-1　调查对象年龄结构统计图

（5）从教师来源途径上看，高等师范院校毕业后任教的有 1216 人，中等师范院校毕业后任教的有 721 人，综合大学毕业后任教的有 108 人，三者占总人数的 88.04%。显示师范院校是培养中小学教师的主要途径。

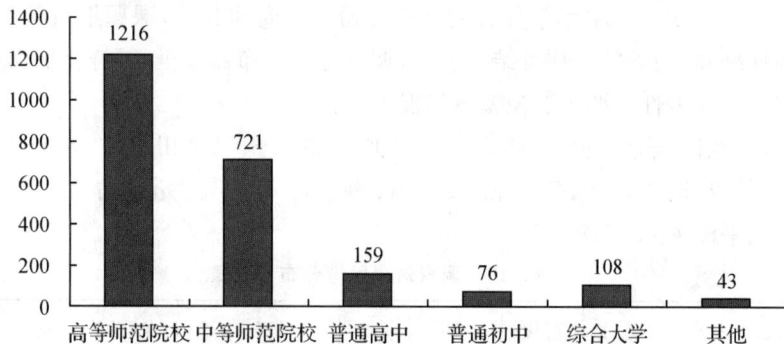

图 2-2　调查对象来源途径统计图

（6）从执教年限看，5 年以下的有 205 人，占总人数的 8.82%；执教年限在 6～10 年的有 179 人，占总人数的 7.71%；执教年限在 11～15 年的有 527 人，占总人数的 22.69%；执教年限在 16～20 年的有 636 人，占总人数的 27.38%；执教年限在 20 年以上的有 776 人，占总人数的 33.40%。

（7）从任教科目看，语文、数学、外语占 58.46%，其他学科占 41.54%。

（8）从学校类型看，小学占 40.03%、初中占 21.44%、普通高中占 14.98%、完全中学占 23.55%。

（9）从城乡分布看，市区占 14.51%、县城占 33.36%、乡镇占 39.47%、农村占 12.66%。

2. 调查结果与分析

（1）关于中小学教师参加培训的动机。学习动机是推动教师学习、促进教

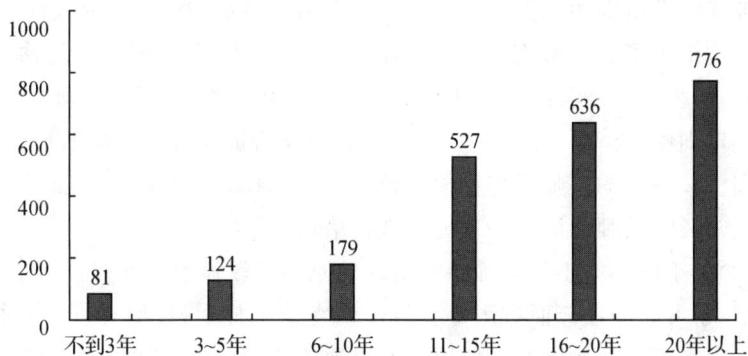

图 2-3　调查对象执教年限统计图

师持续发展与成长的内在要素,教师只有具有自觉学习的心向,培训才能真正收到实效。调查结果显示,中小学教师参加培训的动机,按程度大小排序,排在首位的是"个人业务提高,自己得到成长和发展",平均综合得分为 6.37;其次是"改善工作环境",平均综合得分为 3.46;排在第三位的是"减轻负担",平均综合得分为 2.65。调查表明,绝大多教师参与培训的出发点是基于自身专业发展和教育教学的需要,他们对培训的作用有比较客观的认识。但也有部分教师存在功利性认识,把培训作为增加资历,谋求更好职位的手段;也有部分教师产生职业倦怠,将外出培训作为摆脱繁重教学工作压力,外出"散散心"的途径。根据选项所占的频次,教师希望通过培训获得的回报各选项得分如下图。

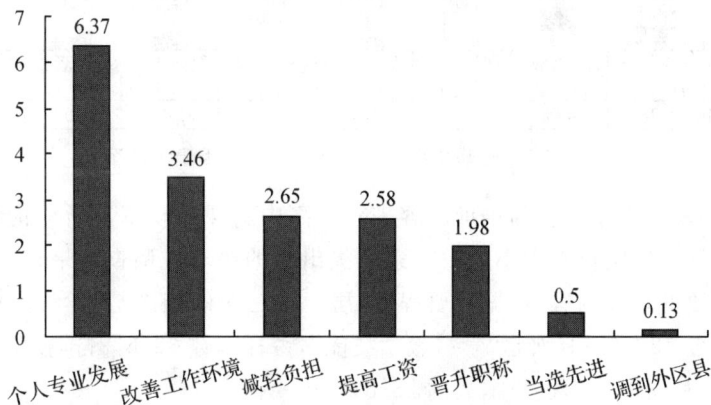

图 2-4　中小学教师参加培训动机统计图

（2）关于中小学教师参与培训的情况。"十一五"期间,全省广泛开展以实施新课程为主要内容的全员培训,积极开展形式多样的专项培训,中小学教师参与各级各类培训的机会不断增加。调查结果显示,98.85％的教师认为各级培训机构组织了教师职务、骨干教师培训、新教师培训等不同层次的培训;94.36％的教师认为各级培训机构组织了针对教育教学薄弱问题的专项培训。在各类培训中,有91.42％的教师参加了课改培训、89.12％的教师参加了师德培训、91.09％的教师参加了信息技术培训、84.67％的教师参加了班主任培训、83.62％的教师参加了心理健康教育培训。

(3)关于影响中小学教师参加培训的原因。教师学习具有教学压力大、工作繁忙、学习时间零碎而有限等特点。调查结果显示,按照程度大小排序,影响中小学教师参加培训的主要原因居于前三位的依次是"学校教学任务重,工学矛盾突出",占样本数52.8％;其次是"培训活动形式化,无实效",占样本数40.8％;排在第三位的是"培训理论与实践脱节",占样本数的39.6％。这表明工学矛盾、培训的针对性实效性不强是影响教师参加培训积极性的主要因素。这与调研中基层学校和教师的反映基本一致。根据各选项所占的频次,教师认为有碍其参加培训的原因各选项综合得分如下图。

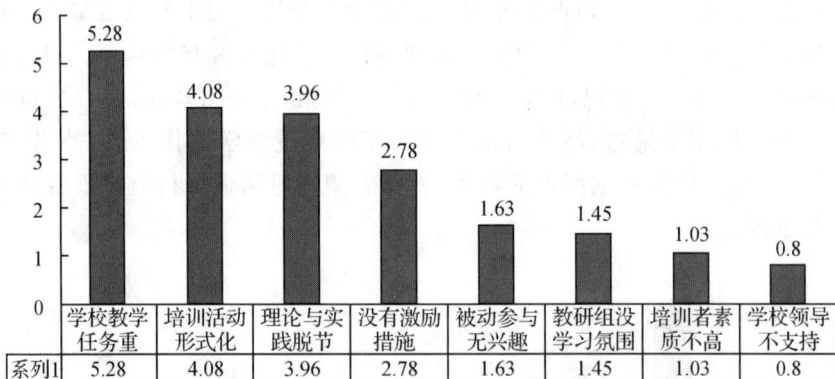

	学校教学任务重	培训活动形式化	理论与实践脱节	没有激励措施	被动参与无兴趣	教研组没学习氛围	培训者素质不高	学校领导不支持
系列1	5.28	4.08	3.96	2.78	1.63	1.45	1.03	0.8

图 2-5　影响中小学教师参与培训的因素统计图

(4)关于中小学教师培训内容需求。高中新课程改革不断深化和义务教育新课标颁布实行对中小学教师素质提出新的要求。调查结果显示,教师认为最需要的培训内容,根据需要程度,居于前三位的依次是"学科专业知识",占样本数42.5％;其次是"学科教学技能",占样本数33.6％;排在第三位的是"教研和科研能力",占样本数的28.8％。

(5)关于中小学教师最喜欢的培训模式。目前中小学教师培训模式日益多样化,既有高校和专业教师培训机构组织的脱产进修和集中培训,也有网络培训、校本培训。调查结果显示,中小学教师感觉最有成效的三种培训模式依次是：①脱产研修，占样本数的 26.69％；②集中培训，占样本数的 21.48％；③校本与集中培训相结合，占样本数的 16.19％。调查表明，中小学教师比较希望有带薪脱产研修的机会，以便解决工学矛盾，进行更加系统、更有针对性的培训。教师认为，近年来由各级教师进修院校组织的短期集中培训的规范化、专业化水平不断提高，培训实效性相对较好。教师希望，培训教研机构要加强对校本培训的指导和规范，为根据教师需求和学校特点开展多种形式和内容的培训创造良好条件。中小学教师感觉最有效的培训模式情况如图 2-6。

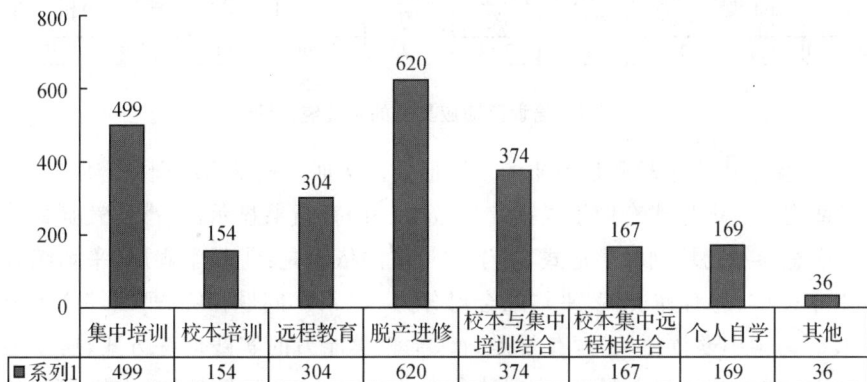

	集中培训	校本培训	远程教育	脱产进修	校本与集中培训结合	校本集中远程相结合	个人自学	其他
系列1	499	154	304	620	374	167	169	36

图 2-6　中小学教师最喜欢的培训模式统计图

（6）关于教师培训的针对性实效性。中小学教师参加培训，基本上是能力提高培训。由于参训教师已具有较为系统的学科知识、一定的教学经验，他们有专业困惑和学习需求，有效的培训要满足教师的需求，激发教师的学习兴趣。调查结果显示，中小学教师认为，一项培训活动需要提高教师的学习兴趣，增强积极性、主动性，应具备的三个最主要特征是：①培训能解决教学实际问题，平均综合得分为 6.24；②培训与教学经验相关，平均综合得分为 4.12；③有利于教师积极主动学习和参与，平均综合得分为 3.6。因此，新时期中小学教师培训在内容设计上要以实践为基本取向，以提高教师实际教学水平为根本目的，以问题解决为主线；在培训组织形式上，要坚持以教师为主体，更加注重采用互动式、参与式培训模式。教师认为有效培训的特征见图 2-7。

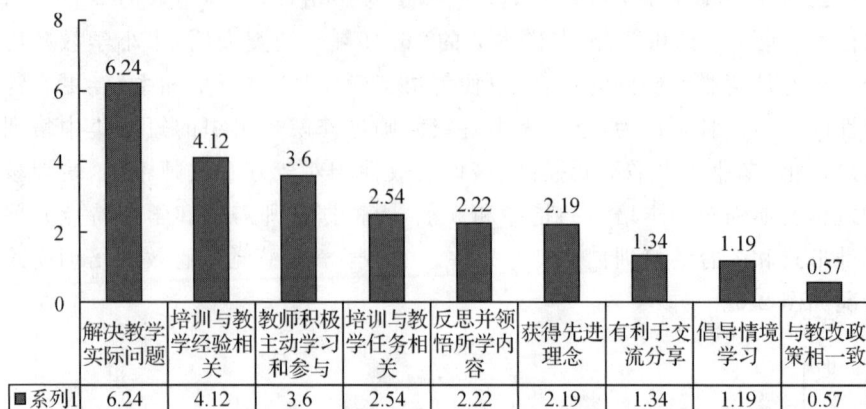

图 2-7 培训活动应具备的特征统计图

（7）关于中小学教师最希望的培训形式。培训形式是为培训内容服务的，选择适当的培训形式有助于提高培训效果。调查结果显示，中小学教师最喜欢并愿意参加的培训教学形式，居于前三位的依次是：①教学观摩，平均综合得分为 6.48；②合作交流，平均综合得分为 5.77；③问题探究，平均综合得分为 3.89。中小学教师认为，有效提高课堂教学能力的实践训练方式，居于前三位的依次是：①教学观摩，占样本量的 33.06%；②案例教学，占样本量的 25.74%；③集体备课，占样本量的 19.63%。中小学教师认为，最有效的校本培训方式，按其实效性从高到低依次是：①观摩听课，平均综合得分为 5.58；②师徒结对，平均综合得分为 3.66；③组织研讨、交流、学术沙龙，平均综合得分为 3.57。研究表明，教学观摩有助于教师专业的发展，有利于缩小课程发

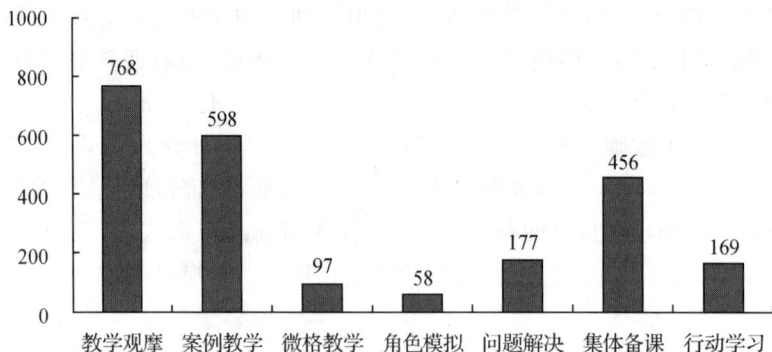

图 2-8 中小学教师最喜欢的教学模式统计图

展与教师实践间的落差,可以引发艺术切磋与教学研究,是促进教师培训的一种有效方式。同时,中小学教师培训在通过教学观摩、注重同层次的横向支援的同时,要发挥专家、教授、教研员的纵向引领作用,着重在理论上进行提升。

(8)关于中小学教师较认可的培训机构。针对以往教师专业化发展中重职前培养轻职后提高的现象,我省积极构建以教师进修院校为主体,师范院校、优秀中小学校共同参与的教师培训体系。问卷调查显示,根据培训效果,教师认可的教师培训机构依次是:①省级教育学院和市级进修学校,占样本数的 45.69%;②县级教师进修学校,占样本数的 27.16%;③师范院校的继续教育学院,占样本数的 13.79%;④学校自身,占样本数的 7.33%。调查表明,我省教师进修院校体系较完整,与中小学联系紧密,功能作用发挥较好,近几年我省大力加强教师进修院校建设,不断提升教师培训能力,培训质量和效果得到中小学校长、教师的认可,在基础教育改革不断深化、建设高素质专业化教师队伍成为核心任务的新形势下,教师进修院校地位作用更加凸显。

(9)关于中小学教师培训组织实施情况。中小学教师培训的组织管理涉及训前需求调研、训中组织管理、训后跟踪指导等各个环节,包含课程设置、师资选聘、培训资源供给等各个方面。

①在培训内容方面。调查显示,85.15%的教师认为"参加的培训有适合培训对象的系列课程",76.80%的教师认为"培训机构组织了针对教育教学薄弱问题的专项培训",78.56%的教师认为"参加的培训中没有重复培训现象",84.25%的教师认为"培训内容适合自己教育教学需要",81.49%的教师认可"80%以上培训内容对自己有启发和指导作用"。

②在师资选聘方面。86.01%的教师认可"80%以上的培训选用了合适的师资",87.17%的教师认为"培训没有因人设课现象"。

③在培训资源供给方面。83.56%的教师认为"能够方便地获取学习资源(包括书籍、光盘、网站等形式)",76.71%的教师认为"培训资源都非常有用",80.63%的教师认为"培训资源来源多样"。

表 2-20　中小学教师培训组织实施情况统计表

题目\选项	非常同意	基本同意	少量同意	不同意
我参加的培训有适合培训对象的系列课程	820(35.3%)	1158(49.85%)	285(12.27%)	60(2.58%)
上级培训机构组织了针对教育教学薄弱问题的专项培训	778(33.49%)	1006(43.31%)	414(17.82%)	125(5.38%)
我参加的培训中没有重复参加培训的现象	769(33.10%)	1056(45.46%)	347(14.94%)	151(6.50%)
我认为参加的培训适合自己教育教学的需要	924(39.78%)	1033(44.47%)	307(13.21%)	59(2.54%)
80%以上培训内容对自己有启发和指导作用	862(37.11%)	1031(44.38%)	347(14.94%)	83(3.57%)
80%以上的培训选用了合适的师资	764(32.89%)	1234(53.12%)	268(11.54%)	57(2.45%)
培训没有因人设课的现象	796(34.27%)	1229(52.90%)	249(10.72%)	49(2.11%)
我能够方便地获得学习资源（指书籍、光盘、网站等形式）	831(35.78%)	1110(47.78%)	302(13.00%)	80(3.44%)
培训资源都非常有用	681(29.31%)	1101(47.40%)	453(19.50%)	88(3.79%)
培训资源来源多样	747(32.16%)	1126(48.47%)	382(16.44%)	68(2.93%)

10. 关于中小学教师培训的质量和效果。教师培训的质量和效果主要体现在两个方面,一是学员经过培训后掌握了哪些知识和技能及其掌握程度,主要分析学习者对培训内容的内化程度;二是学员学习成果在工作中的运用情况,看学员回到工作岗位后是否按照学到的知识技能进行工作,培训中提倡的态度和价值观是否改变了学员看待和处理问题的方式,主要反映学习者把内化的素质再加以外化,影响工作改进的结果。

(1)在提升知识技能方面。调查显示,通过参加培训,93.28%的教师认为"自己在课程教学方面的知识得到提升",93.41%的教师认为"自己在教学设计与实施方面的能力得到提高",92.38%的教师认为"自己更加了解教学反思的意义和方法",90.79%的教师认为"培养了自己的研究意识,掌握了研究的方法"。可见,培训对促进教师自身专业化成长起了重要的助推作用。

表 2-21　中小学教师培训质量统计表

题目\选项	收获不大	有些收获	较有收获	很有收获
我在课程、教学和学生等方面的知识得到提升	156(6.72%)	709(30.52%)	874(37.62%)	584(25.14%)
我在教学设计与实施方面的能力得到提高	153(6.59%)	658(28.32%)	882(37.97%)	630(27.12%)
我更加了解教学反思的意义和方法	177(7.62%)	579(24.92%)	899(38.70%)	668(28.76%)
培养了我的研究意识,掌握了研究的方法	214(9.21%)	650(27.98%)	839(36.12%)	620(26.69%)

　　(2)在学习成果运用方面。80.76%的教师认为"能够阐述自己通过培训促进教学行为变化和教学质量提高的例证",76.54%的教师认可"骨干教师培训后能够发挥带头作用",78.09%的教师认为"自己尝试运用培训成果,并发现学生发生了可喜的变化",82.82%的教师认为"培训后,自己体验到培训的价值,愿意参加更多的培训"。

表 2-22　中小学教师培训效果统计表

题目\选项	非常同意	基本同意	少量同意	不同意
我能够阐述自己通过培训促进教学行为变化和教学质量提高的例证	718(30.91%)	1158(49.85%)	387(16.66%)	60(2.58%)
我认为骨干教师培训后能够发挥带头作用	745(32.07%)	1033(44.47%)	389(16.75%)	156(6.71%)
我尝试运用培训成果,并发现学生发生了可喜变化	723(31.12%)	1091(46.97%)	431(18.55%)	78(3.36%)
培训后,我体验到培训的价值,愿意参加更多的培训	917(39.47%)	1007(43.35%)	313(13.47%)	86(3.71%)

三、加强福建省中小学教师培训工作的对策建议

　　党的十八大提出了全面建成小康社会的奋斗目标对教育发展新任务新要

求,国家和福建省中长期教育改革和发展规划纲要提出新时期教育工作方针和目标任务,福建省第九次党代会提出建设更加优美更加和谐更加幸福的福建的战略目标。加强中小学教师队伍建设,提升中小学教师队伍素质面临新形势、新任务,也面临新机遇、新挑战,教师培训工作受到前所未有的重视。如何构建更加科学的教师培训体系,提升中小学教师学历水平、专业素养和综合能力,促进每个教师终身发展和队伍整体水平提高成为中小学教师队伍建设重中之重的任务。

(一)福建省中小学教师培训的目标任务和工作重点

1. 我省中小学教师培训工作的总体目标

根据全省中小学教师队伍建设目标,当前和今后一个时期我省中小学教师培训工作的总体思路是:坚持"面向全员、突出骨干、倾斜农村"的工作原则,以实施"国培计划"为引领,以实施"省培计划"为载体,以促进教师专业化发展为核心,创新教师培训机制,转变教师培训方式,提高教师培训专业化程度,努力构建适应基础教育改革与发展需要的、更具活力和实效的、开放的中小学教师培训体系,推动全省各地通过多种有效途径,有目的、有计划地对全体中小学教师进行分类、分层、分岗培训。十二五期间,完成对全省 35 万多名教师每人不少于 360 学时的全员培训,完成对全省 9 万多名农村教师新一轮的系统培训,组织 5000 名教师进行学历提升培训,完成 100 名省级教学名师、1000名省级学科教学带头人和 10000 名省级骨干教师的高端培训,全面提升中小学教师队伍的整体素质和专业化水平。

2. 全省中小学教师全员培训工作重点

根据中小学教师专业发展阶段和专业成长规律,从全省中小学教师队伍结构特点出发,按照分岗位、分学科、分学段、分层次的培训工作要求,全省中小学教师培训工作重点主要是:

(1)新教师岗前培训。近几年,我省中小学新招聘教师数量比较大,开展新教师上岗培训十分必要。新任教师的知识结构不完善,对课程标准的认识、对教材的加工处理能力以及驾驭课堂和开展教育教学基本能力结构未形成,教育教学的专业思想水平未牢固树立,对教育法规的认识要在教育实践中检验,对教育方针的理解、正确的教育价值观的形成更要在实践中反复锤炼。要对新参加工作教师和工作 3 年以下教师进行适应期岗位培训,使教师形成良好的师德,树立育人为本的教育思想和素质教育的理念,学会分析教材内容,初步掌握科学的教育方法和有效的教学技能,成为合格的教师。新任教师岗前培训时间应不少于 180 学时。

(2)学科教师培训。中小学专任教师最鲜明的特征就是其学科属性。通常情况下,每一位专任教师都有自己的学科背景,都要从事某一个学科的教学。教师在学科教学和实践中需要有专业精神、专业知识和专业技能,这是教师落实有效课堂教学、开展教学研究、提高教学质量的基本专业素养。学科教师培训的主要任务是以提升教师学科专业素养为核心,对各类薄弱学科和"教非所学"学科教师进行补偿性培训,帮助学科教师增长教学经验,熟练掌握教材内容,提高教学能力,努力成为熟练教师;对全体学科教师进行提高培训,围绕学科知识拓展、课程标准和教材分析解读以及教学实践观摩点评等内容,夯实专业理论基础和综合素质,增强职业道德修养和职业幸福感,提升对学科的整体把握和研究学生、解决教学问题的能力。以建设学习型学校为载体,广泛开展教师读书活动,提升教师的人文素养。

(3)农村教师培训。整合优质教育资源,通过不同途径,继续对农村地区教师进行提高培训,特别是要加强农村音乐、体育、美术、英语、信息技术、科学课程等紧缺学科教师培训,以专业精神和专业能力的培训为重点,以骨干培训和全员培训相结合,以集中培训、网络培训和校本培训相结合的方式,全面提高农村教师队伍的专业水平,满足农村教育改革发展需要。建立城乡教师学习交流机制,定期选拔农村教师到城市优秀学校跟岗学习,同时选派城市优秀教师到农村学校指导教学活动,使每所农村中小学主要学科有 1~2 名骨干教师。

(4)骨干教师培训。开展各级名师培养人选、学科带头人研修培训,以新理念、新问题、新策略为重点,全面提高名师和学科带头人的专业能力、教学改革能力、教育科研能力以及指导青年教师能力,努力培养使其成为教育名师;对获得特级教师称号的教师进行支持性培养,促进教师开展先进理论与科学实践相结合的研究,形成具有独特的教育教学思想,努力培养成为教育名家。针对农村学校缺乏教育教学骨干的实际,加强农村骨干教师的培养培训工作,在各级骨干教师培训中要注意向农村倾斜,同时采取"送培下乡"等方式,组织特级教师、学科教学带头人培训农村骨干教师,努力实现农村学校"校校有骨干"。

(5)学历提高培训。学历层次决定了教师教学专业素养的发展基础。要以中青年骨干教师为重点,坚持学用一致、学以致用的原则,重点鼓励支持 45 岁以下中小学教师通过在职学习、脱产进修、远程教育、自学考试、攻读教育硕士等多种学习途径提高学历水平。使小学教师学历逐步达到专科以上水平，初中教师基本具备大学本科以上学历，高中教师中具有研究生学历者的比例有明显提高。

(6)教师培训者培训。对省、市、县教师培训、教研机构专业人员进行研修培训，围绕加强培训组织管理、提升培训质量及研训工作重点难点问题开展研修，切实提高培训者队伍的管理水平和教学水平。

(7)特殊教育教师培训。重点帮助教师夯实专业理论知识基础，形成扎实的教育教学基本功、课堂教学技能，掌握有效的教学策略，提高进行特殊教育教学评价、特殊儿童学习方法指导、特殊教育科研和特殊教育资源开发利用的能力，提高特殊教育管理水平。

3. 全省中小学教师省级培训计划

教师的专业化具有丰富的内涵，是专业知识、专业技能、专业行为、专业情感、专业境界相互交融的过程。根据新一轮中小学教师全员培训工作重点，建议我省全面实施"中小学教师素质提升工程"省级培训计划，推动各地通过多种有效途径，有目的、有计划地对全体中小学教师进行分类、分层、分岗培训。省级重点开展高中高级职称教师、农村教师、骨干教师、学科教学带头人、特级教师、省级名师等培训，发挥示范引领、雪中送炭和促进改革的作用。具体实施以下 9 项行动计划。

(1)师德和德育骨干队伍建设行动计划

认真落实教育规划纲要提出的"加强教师职业理想和职业道德教育，增强广大教师教书育人的责任感和使命感"，将师德教育作为教师培训的重要内容。在省级培训机构的统筹引导下，充分发挥市、县教师进修院校资源优势，通过案例征集、个案剖析、典型宣传、师德评比等形式，加强对全省中小学教师的师德教育，促进教师职业理想与道德的全面提升。

实施骨干班主任、少先队辅导员、心理健康教育教师培训计划。由省级培训机构负责制定骨干班主任培训指导性意见，推荐培训资料和师资，三年内选拔 1200 名优秀班主任进行骨干研修，加强班级管理、未成年人思想道德教育和学生心理健康教育等专题培训，提高班主任专业化理论水平和实际工作能力；由省级培训机构负责选拔 400 名参加过上岗培训的心理健康教育骨干教师参加提高性培训，提升全省中小学教师心理健康教育的基本知识和技能。

(2)农村教师学科素养提升行动计划

在 2009 年至 2013 年实施"农村教师教育教学能力提升工程"的基础上，建议省教育厅继续组织实施"农村教师学科素养提升工程"，对全省农村义务教育学校教师再系统轮训一遍,其中省级培训教师1万名、设区市培训教师3万名,其余由县级负责培训,重点围绕专业精神、专业知识与技能、教育教学能力、科学文化素养等方面开展培训,促进农村教师专业发展。

针对农村教师学科结构矛盾突出的现状,加强农村教师转岗培训。遴选一批具有一定基础的学科专任教师,通过到省级教师培训机构参加脱产半年的学习研修,转岗从事紧缺学科的教学工作,进一步改善农村教师队伍的学科结构。

(3)名师和学科带头人培养行动计划

继续实施福建省中小学名师培养工程。通过双导师制、实践基地培养、课题研究、境外培训等多种方式,继续对已遴选的96名中小学教学名师培养人选、1001名学科教学带头人进行重点培养,使其成长为具有突出的教学研究能力,在福建乃至全国具有一定知名度的教师。开展福建省中小学名师工作室评选工作,以特级教师、省级名师和省级学科教学带头人为引领,建设100个省级中小学名师工作室,省教育厅按照每个名师工作室每年不低于2万元的标准提供经费资助,地方教育行政部门原则上按不低于1:1的比例配套资金提供资助。依托福建教育学院,加强省级名师工作室的指导和管理,使其成为名师展示的舞台、骨干培养的基地、教学示范的窗口、科研兴教的引擎。

实施特级教师高级研修项目。通过学术导师指导、教改实验、教育思想研讨、国际交流等方式,遴选100名特级教师进行为期3年特殊培养,为其成长为具有先进的教育理念、独特系统的教育教学思想和丰厚的人文素养、广阔的视野,使其真正成为师德的表率、育人的楷模、教学的专家。定期举办"特级教师高端论坛"、组建"特级教师讲师团",更好地发挥特级教师的示范和辐射作用。

(4)骨干教师培训行动计划

制定各级骨干教师评选标准,着力完善骨干教师梯队建设。依托省级教师培训基地,在全省培养10000名省级骨干教师,形成一支覆盖基础教育各级各类学校、学科结构合理、教育教学能力过硬的骨干教师队伍。主要培训项目有:中小学学科骨干教师培训,6000人;中小学骨干班主任培训,1000人;中小学心理健康教育骨干教师培训,1000人;中小学教育技术能力(中级)骨干教师培训,1000人;幼儿园骨干教师培训,1000人。

实施农村中青年骨干教师置换脱产研修项目。遴选一批具有良好发展潜力的农村中青年骨干教师,采取院校集中研修和城市优质中小学"影子教师"实践相结合的培训方式。通过组织高年级师范生到农村中小学顶岗实习支教、置换出农村骨干教师到高水平院校和优质中小学进行为期半年左右的脱产研修,全面提高教师的教育教学能力和综合素质,为农村学校培养一批在深入推进课程改革、实施素质教育和开展教师培训中发挥示范带动作用的"种子"教师。

（5）福建省中小学教师全员远程研修计划

学习山东经验,以省为单位开展中小学教师全员远程研修活动。省级财政安排专项经费支持福建基础教育网开展平台建设和课程资源开发,实现省域范围内优质教师教育资源共建共享,5 年周期内,全省中小学教师平均每年接受不少于 36 学时的远程研修。在 2010—2012 年开展高中教师全员远程研修的基础上,2013 年起逐步向初中、小学、学前推进,2015 年实现远程研修对我省基础教育和学前教育各学段、各层面、各学科的全面覆盖。

（6）示范性校本培训计划

校本培训是源于学校发展的需要,由学校组织的旨在满足每个教师工作需要的校内活动。校本培训于 20 世纪 70 年代由英美等国率先发起,目前在世界范围内为许多国家广泛接受并实施。我国 1999 年教育部在《关于实施"中小学教师继续教育工程"的意见》中明确提出:"各中小学都要制定校本计划,建立教师培训档案,组织多种形式的校本培训。"此后,校本培训在我国广泛实施。全省中小学现有专任教师 35 万多人。校本研修针对性强,方便灵活,低成本高效益做实校本研修是解决教师全员化培训的基本途径和可行性载体。实施示范性校本培训计划,就是要积极发挥名优中小学培训工作优势,以学校自身培训资源为基础,探索校本培训有效模式,发挥示范带动作用。为加强校本研修的指导和管理,省级遴选确定 100 所具有较好校本培训经验和基础的中小学校作为校本培训示范校,引领带动各中小学把校本研修与教研活动相结合,远程教育与校本研修相结合,理论学习与教学实践相结合,提高校本研修的质量和水平。鼓励和支持鼓励师范院校、教师进修院校和中小学合作开展校本研修,为中小学校本研修提供学术引领和专业支持。

（7）培训者培训计划

由省级培训、教研机构负责,面向全省各级教师培训机构,加强教师培训团队研修,每年研修时间不少于 72 学时。通过培训,学习研讨先进培训理念,分析典型培训案例,探索培训规律,总结培训经验,形成优质资源,提高培训管理者的教师培训项目开发与管理能力,提升培训教师的业务水平,推动中小学教师培训工作的创新与发展,促进培训质量提高。

（8）中青年教师学历提升行动计划

省级设立专项经费支持一批 45 岁以下具有一定外语基础、理论水平和研究能力的中青年骨干教师，通过考试升入师范院校进行教育硕士的学位学习，完成学业和通过论文答辩后获得硕士学位；鼓励支持各市、县按照专业对口原则，通过成人高招、自学考试、现代远程教育等途径，组织中小学教师提高学历层次，使小学教师基本达到专科学历、初中教师基本达到本科学历、高中教师研究生学历比率不低于 5％。

(9)特殊教育教师培训计划

坚持"特教特办"，大力加强特殊教育教师队伍建设，对特殊教育教师实行 5 年一周期不少于 360 学时的全员培训。省级负责特殊教育教师培训工作，通过培训使教师能够掌握先进的特殊教育理论知识、科学的教学方法和医疗康复及职业训练技能，具有较强的教学能力和研究能力，在教育教学实践中发挥示范引领作用，成为我省特殊教育学校的骨干教师和学科带头人，带动全省特殊教育教师队伍整体素质全面提高。

(二)加强教师培训能力建设，健全教师培训体系

完善中小学教师培训支撑体系的核心是解决教师培训的三个基本问题，即谁来培训、培训什么、怎样进行培训。要贯彻国务院《关于加强教师队伍建设的意见》、教育部《关于大力加强中小学教师培训工作的意见》，大力完善中小学教师培训体制机制，构建具有福建特色的中小学教师培训体系。

1. 加强培训机构建设。中小学教师队伍的培训是一项涉及面广、专业性强、任务量大的系统工程，需要由专业化基地和高水平团队来承担。要继续构建以教师进修院校和师范院校为主体，有条件的高水平大学、优质中小学积极参与的开放式教师培训体系，努力提高为广大教师学习进修服务的水平。

一要加强省级培训基地建设。贯彻省政府〔2008〕344 号文件精神，大力加强福建教育学院建设，设立专项建设经费，加快改善办学条件，把福建教育学院建设成为全省中小学教师省级培训主要基地；整合省级教研资源，强化福建教育学院培训、教研的功能，实现研训一体，充分发挥其在全省教师进修院校中的引领带动作用，把福建教育学院建设成为中小学教师教学科研和继续教育的业务指导中心；将福建省教师资格认定指导中心、福建省基础教育质量监测中心挂设福建教育学院，使其形成面向全省基础教育、功能较为完备的教师教育服务体系；支持福建教育学院和师范院校联合开展教育硕士培养工作，提升办学层次。依托师范院校，建设 10 个省级培训基地，重点支撑国家级和省级培训。省级教师培训机构要按照全省中小学教师队伍建设需求，结合教师专业成长与发展规律,从学科专业、课程资源、专家团队、后勤服务等方面,切实加强从事中小学教师培训的能力建设。

二要健全市级培训机构设置。各设区市要根据教师培训的实际需要,充分发挥驻地师范类院校和教师进修学院(教育学院、教科所)的作用,整合优质培训资源,建设好市级教师培训基地。加强福州、厦门、宁德、莆田、南平等五个地市教师进修学院(教育学院、教育科学研究院)建设,其他各设区市要依托区域内师范院校或教研机构,建设1~2个市级培训基地,有条件的地区要恢复教师进修学院建制,强化其培训、教研功能和在区域教师培训中的组织实施与指导作用。从教学设施、食宿条件等方面加强培训的基础建设,为参加培训的教师提供良好的学习条件和后勤服务保障,有力支撑市级教师培训。

三要提升县级教师进修校办学水平。《国务院关于加强教师队伍建设的意见》提出,"推动各地结合实际,规范建设县(区)域教师发展平台"。《教育部关于大力加强中小学教师培训工作的意见》要求,"充分发挥区县教师培训机构的服务与支撑作用""积极推进区县级教师培训机构改革建设,促进县级教师进修学校与相关机构的整合和联合,加强县级教师培训机构基础能力建设,促进资源整合,形成上联高校、下联中小学的区域性教师学习与资源中心,在集中培训、远程培训和校本研修的组织协调、服务支持等方面发挥重要作用"。要制定县级教师进修学校建设标准,促进各县(市、区)加强县级教师进修学校标准化建设,提升办学水平,构建集信息、培训、教科研和社区服务为一体的教师学习和资源中心,争取到"十二五"末,所有县级教师进修校全部建成达标校。要以创建国家级、省级示范性县级教师进修学校为抓手,继续开展省级示范性县级教师进修学校、达标校创建评估活动,其中省级示范校占三分之一左右,7所县级教师进修校成为国家级县级示范性教师培训机构。

2. 完善培训内容体系。培训内容在整个培训中居于核心地位,它不仅直接决定着特定培训活动的质量和效果,也会对培训对象训后的教育教学思想和实践产生深远的影响。要根据中小学教师专业发展标准,对培训内容进行系统性、整体性的建构,形成培训模块内容逐级递进、螺旋上升的格局,使各类培训主题突出、课程模块合理、讲座系列鲜明,为不同发展阶段的教师系统学习提供丰富的"菜单",为教师专业发展提供方向引领。

一要加强培训需求分析。培训需求是广大中小学教师学习、受训的内在动力,是培训课程体系建设的内在依据。所谓培训需求分析,是指在规划、计划每项培训活动之前,由培训部门、培训教师采用各种方法与技术,对学校组织及其教师培训的目标、知识、技能、能力等方面进行系统的鉴别与考量,以确定是否需要培训及培训什么内容的一种活动或过程。它是确定培训目标、设计培训方案和培训课程的前提,也是进行培训评估的基础,因而成为教师培训活动的首要环节。各级教师培训机构要组织专门力量,开展深入细致的教师培训需求调研,改变"一张问卷做调研"的现象,准确把握各个层次、类别、岗位、学科教师的培训需求,为科学确定培训内容和标准打下坚实的基础。建立以培训需求为导向的培训内容更新机制,教师培训机构要根据教师培训需求决定课程设置和培训内容,加强中小学教师培训项目方案论证,提高培训的针对性。

二要研制教师培训标准。要以培训需求为导向,以促进教师专业素质的提升为目的,研究不同层次、不同类别、不同岗位的教师培训的标准,明确学科专任教师培训、教师专项能力培训等各类培训的培训标准,从师德修养、专业知识、专业技能等方面构建理论与实践紧密结合的培训内容体系。研制中小学教师培训指导纲要,明确中小学教师培训的内容,加强对全省教师培训工作的统筹规划和宏观指导。研究不同类别、层次、岗位、学科教师的素质能力模型,分层、分类、分岗、分学科建立中小学教师培训标准,明确初任培训、任职培训、专门业务培训、岗位培训等的目标、内容和方式等,增强培训的针对性、实效性。

三要构建培训课程体系。课程体系是培训内容的载体,课程体系建设是教师培训的核心工作。目前教师培训没有明确、统一的课程大纲,在以往的教师培训中,课程的设置往往比较随意。各级教师培训机构要根据教师专业标准,依据培训目的、培训任务以及学员需求的不同而设计不同类别、不同层次的模块化的课程方案,努力实施个性化的培训。所谓不同类别,是指要针对小学、初中、高中等不同学段,学科教师、班主任以及心理健康教育教师等不同类型教师的不同需求而分别设计不同的培训内容;所谓不同层次,是指在同一类别的课程当中,要根据学员专业发展阶段不同而划分不同的级别,比如学科教师培训课程可以分为青年教师培训、骨干教师提高和名师打造课程;所谓模块化,是指把每一种形式的培训课程如专家报告、课题研究、观摩考察、挂职锻炼、拓展训练、感悟体验等都作为一个独立的模块进行精心设计,同时还要做到统筹兼顾,实现各模块之间的整体衔接与有机配合。

四要开发培训课程资源。培训课程资源开发的主要意义在于为教师专业发展提供资源帮助,引领教师提炼个人教育理论,形成个人教育成果,推出区域教育教学优秀成果,实现优质资源共享。可由省级教师培训机构牵头,制定示范性培训课程方案和标准,完善优质课程资源评审与推荐制度,实施教师培训课程建设计划。按照"研训问题化、问题课题化、课题课程化、课程培训化、培训实践化"的路径,搞好培训课程体系建设,做好公共必修课程开发和重要专业必修培训教材的出版,建设优质教师培训课程资源库,逐步建立符合教师自主选学需求的"课程超市"。支持福建基础教育网、海西教育网、福建高中新课程网等网站平台建设,建好"福建基础教育课程与研修资源中心"。开展"中小学教师优质课程资源"征集活动,收集一线名师、骨干教师的教学课例、教育教学案例、教育教学叙事以及教学实录,各级培训机构的研训专题讲座及培训生成性资源,建设好网络培训课程资源,免费提供各地使用,让农村教师享受到名师现场做课等优质资源,提高优质网络课程资源的覆盖面,促进培训资源共建共享。

3. 创新培训模式手段。当前,教师培训工作形势任务发生了很大的变化,单纯的理论灌输已经不能满足教师专业化成长的需求,传统的培训手段和方式必须改革。要通过培训模式手段的改革创新,提升培训实效,为参加培训的教师在理念、策略等方面提供示范和引领。

一要创新培训组织模式。教师培训理念要从"培训"转化为"研修",培训目标要以激发和培养中小学教师立足职场、自主研修的意识和能力为核心,实现从信息传授与知识掌握向知识的生成与能力建构转变;培训组织管理要将集中培训、远程培训和岗位自主研修有机结合,促进参训教师从"受训者"向研修活动的"主体性参与者"转变,培训者从"知识的传授者"和"培训组织管理者",向"研修活动的设计者、组织者"和"专业发展的引路人"转变。要加强训后跟踪指导,建设集优质教育资源传输、过程指导、交流互动和跟踪服务于一体的现代化教师培训服务平台,帮助广大中小学教师方便快捷地获取优质教育资源,享受到教师培训机构提供的专业化、个性化、系列化的培训服务。

二要改进培训教学形式。新课程改革强调落实知识与技能、过程与方法、情感态度价值的"三维目标",要求推行自主、互动、探究式的学习方式,中小学教师培训要在贯彻新课改理念上起示范作用。教师培训的教学方式要从传统的"讲授为主"转化为"参与式活动"为主,学习方式从"听讲"为主转化为"自主、合作、探究、反思、交流"的活动为主,倡导小班教学,采取案例式、探究式、参与式、情景式、讨论式等多种方式,通过改进教师培训的教学组织方式,体现教师培训的开放性、民主性和参与性,使教师置身于"自主选择、自主反思、自主建构"的专业发展环境之中,激发探究热情和发展动力。支持办好"福建省中小学教师论坛",为广大教师搭建经验交流的平台、思想碰撞的平台、风采展示的平台。

三要改革培训实践模式。教师的专业化发展是靠实践性知识保障的,教师成长和发展的关键在于实践性知识的不断丰富,实践智慧的不断提升。各类培训要更加突出"加深专业理解、解决实际问题、提升自身经验"的导向,以实践为基本取向,以提高教师实际教学水平为根本目的,以问题解决为主线,以促进教师教育教学行为转变为核心,以发展教师核心能力为重点,促进教师切实改进教育教学行为方式。建立教师培训实践基地是体现以实践为取向、创新教师培训方式、保障培训质量的一项重要举措。各级教师培训机构要遴选优质中小学校作为中小学教师培训实践基地,加强教师培训实践环节的研究和管理,开发建设培训实践课程。建议省教育厅制定中小学教师培训实践基地评估标准,在全省遴选一批中小学校作为中小学培训实训基地。培训实践基地主要承担名师培养学校实践现场的学习任务,农村骨干教师跟岗学习任务,省级教师培训项目组织的教育教学观摩和考察交流等活动,协助开发教师培训的课程资源等任务,通过典型经验引领和优质资源辐射,成为培训教学的实践基地、成果经验的示范基地、名师名家的培育基地。深入开展全省中小学教师岗位大练兵活动,坚持每两年举办一届全省中小学教师教学技能大赛,以赛促训,以赛促练,进一步营造广大教师学业务、学技能的浓厚氛围。

四要推进培训信息化建设。建设以福建基础教育网为主干、以有关教师培训机构和各市(县)教育信息网为两翼、以全省中小学校园网为节点,统一底层架构、统一账号登录、统一认证管理,互联互通、资源共享的"一体两翼"的全省教师教育网络联盟,使其能够满足集中研修和常态化研修需要,满足教育行政部门规定课程和教师自选课程需要,满足全省"统一平台、分级组织"需要,满足实现统一学时(学分)管理需要,满足行政管理驱动力和教师个体自主性需要,建设基于网络的教师学习共同体,建设支持全省中小学教师专业发展的"网上家园"。

4. 加强培训师资队伍建设。适当提高全省各级教师进修院校专任教师的高级职务岗位结构比例,其中县级教师进修学校专任教师高级职务岗位结构比例应不低于当地高中一级达标校的标准,吸引优秀人才充实培训师资队伍。各级教师进修院校要按照专兼结合原则,遴选高水平专家与中小学优秀教师担任兼职教师,建立各学段学科教师培训项目专家库。特级教师、省级教学名师和学科带头人每年必须承担一定量的教师培训工作任务,积极发挥示范引领作用。各级教师、培训机构教师要采取与中小学一线教师轮换制、限时下校制等措施,加强对中小学教学研究工作,努力提高培训教学质量与效果。完善培训者考核评价制度,形成培训者队伍动态管理机制,建设一支素质优良、结构合理的教师培训者队伍。

(三)完善教师培训制度,促进教师专业发展

各级教育行政部门要严格贯彻落实教育部《关于大力加强中小学教师培训工作的意见》精神,完善五年一个周期的教师培训制度,在培训证书管理、培训学分管理、培训机构资质认证、培训项目招投标、培训质量监管等方面,切实加强和完善培训制度建设。

1. 建立培训学时管理制度。教师培训学分制是以教师自主选课为核心,目前我省教师培训工作仍然突出统一性,强调计划性,同时培训机构能力和培训资源尚不充足,实行教师培训学分制有一定难度。建议省教育厅出台《福建省中小学教师继续教育学时(学分)管理办法》,进一步完善学时(学分)管理制度,确保教师五年一周期内培训时间累计不少于360学时,至少参加一次不少于90学时的集中培训;新任教师试用期内参加不少于180学时的培训,其中实践培训不少于60学时;探索建立教师非学历培训与学历教育课程衔接、学时(学分)互认的机制。学校应制定教师培训5年规划和年度培训计划,统筹安排教师参加培训,教师应制订个人专业发展5年规划和年度专业发展培训计划。学时(学分)以实名制和累计的方式进行登记,学校要落实专人及时登记教师参与培训的情况,并记入教师专业发展档案。

2. 完善培训评估制度。培训质量评估是对培训项目从项目设计、项目实施到项目效果各方面相关数据信息的收集和价值判断,并对项目后续阶段及项目整体改进提供指导方案的过程。要研制教师培训的质量管理标准,建立中小学教师培训质量管理和评价系统,对培训的全过程进行管理,将培训资源的开发整合、培训方案的设计、培训活动的策划和组织、培训问题的研究、培训绩效的评估、培训信息的传播以及对教师跟踪、指导等方面纳入质量管理,及时收集教师及有关部门对培训的要求和意见,建立有效的信息反馈机制,加强培训项目过程评价和绩效评估,使培训工作不断完善、创新。

3. 完善培训激励制度。许多国家都采取多种措施激励教师进修,通常做法是把进修取得证书与加薪晋级紧密联结起来。如美国教师通过进修获得学分证明、研究证明以至学位后,即可领取相应的工资,并可作为教师今后换证或考核升迁的依据。日本教师待遇丰厚,通过进修,如取得高一级任教许可证,即可提薪。政府为鼓励教师持续进修,实行按学历区分教师等级,这种做法旨在强化教师进修风气,促使进修制度化。许多国家还明确规定,教师进修期间,享受公差待遇,可以领取交通、膳宿、补助等津贴。因此,要探索将教师

完成培训学分(学时)和培训考核情况作为教师资格再注册、教师考核、评先评优、职称评聘的必备条件和重要依据,改变教师培训"有培训任务才培训、有培训计划指标才培训、有培训经费才培训"和"培训不培训无所谓"的现状,形成中小学教师培训的保障体系和激励机制,变"要他学"为他自己工作需要和提高水平需要来学,充分激发教师的积极性,促进教师终身学习。各市、县(区)要制定提高教师学历层次规划和考核奖惩办法,鼓励、支持中小学教师参加学历提高培训。小学教师达不到专科学历者、初中教师达不到本科学历者,须参加学历提高教育。教师通过进修取得研究生学历(学位),其学费由单位按照一定比例给予资助。

4. 落实教师培训编制。由于教师培训本身具有成人性和在职性的特点,教师外出参加脱产培训工学矛盾较为突出,解决这一问题的有效方法是落实教师培训编制,即按照教师总量安排教师培训编制,充分利用机动编制安排教师参加培训,通过顶岗支教方法置换教师等等。如重庆市黔江区为保证学校顺利完成送培任务,又不影响学校教学秩序,从 2011 年秋季开学给学校核编时预留培训人员编制作为培训专用(教师在 100 人以内的学校留 1 名、100 人以上的学校留 2 名编制),有效保证教师参训率,其做法值得借鉴。

5. 建立带薪脱产培训制度。带薪脱产培训作为教师培训工作的重要形式,具有其他形式所不具备的特点和优势:一是有效解决工学矛盾问题;二是提高培训的系统性、前瞻性、科学性、创新性,解决培训效率低下等问题;三是为教师培训机构培训项目的目标设置、课程选择、课程实施、教学管理等提出更多挑战,促进培训机构在硬件设施、教学资源、教务管理及后勤保障等方面提升培训能力水平。发达国家普遍将进修假制度作为教师培训的基本制度之一,如英国规定新教师至少用 1/5 的时间进修,正式教师连续工作满 7 年者可带薪进修 1 学期。法国、美国、德国和日本也都有类似的制度。过去在师资队伍数量不足的情况下,建立带薪脱产培训制度缺乏现实基础,而在师资队伍建设数量需求逐步让位于质量提高的今天,教师享有带薪脱产培训的制度应予以细化并加以保障。北京市从 2009 年开始,市级财政投入 1100 多万元专项经费,在 12 个区县开展了为期半年的教师带薪脱产培训试点工作,已培训教师 1000 多人,取得显著成效。建议我省充分利用师范生支教实习、县域内教师轮岗交流等机制,建立中小学带薪脱产培训制度,更有效地促进教师专业成长。

6. 完善培训登记和管理制度。支持"福建省中小学教师继续教育信息管理系统"建设,使之成为与各级教育行政部门门户网站相链接的全省教师培训网络管理平台。建立全省中小学教师培训统一登记制度,通过专门的网络管理平台,对全省每个教师参加培训的项目、时间、所获学分及培训主办单位等基本信息进行登记与管理。县级以上教育行政部门主管登记工作;中小学校按要求对本校(本区域)教师的参培情况进行初审并收集有关材料;市、县教师培训机构负责登记和审核。经省市级以上教育行政部门认定资质的培训单位(基地)所实施的教师培训项目,其受训学时及学分方可记入教师培训档案。教师完成培训学分和培训考核登记情况作为年度绩效考核、职务评聘、特级教师申报、评优晋级和教师资格定期登记制度的必备条件和重要依据。

(四)加强组织领导,为教师培训工作提供有力保障

各地教育行政部门、各级各类学校要高度重视中小学教师培训工作,要摆上重要日程,做到认识到位、政策到位、管理到位。要将中小学教师培训纳入地方教育发展整体规划,统筹安排,加大投入,优先保证。

1. 加强培训规划管理。教师培训工作是一项系统工程,只有把教师培训工作与教师成长过程周期相结合,进行整体性的规划设计,才能取得实质性的效果。由于我省各级教育行政部门和教师培训机构在教师培训工作中缺乏统筹协调、各负其责、各司其职的工作机制,导致缺乏全面系统的规划,存在培训内容零敲碎打,在局部问题上小打小闹的现象,缺乏整体性、系统性。要建立省级统筹、市县负责、以县为主的教师培训管理体制,各地各校要根据培训对象的需求,做好培训工作整体规划,分年度具体实施,使培训内容具有系统性,确保在五年一个周期内,教师的专业理念、专业知识、专业能力有一个系统的提升。

目前,各级教育行政部门因机构精简、人力资源有限,为加强中小学教师培训工作的规划指导,建议参照省外做法,成立全省中小学教师继续教育管理中心,挂靠福建教育学院,由省教育厅赋予必要的行政管理职能,中心承担的主要任务:一是协助省教育厅制定全省教师培训计划及相关配套文件,对省级培训项目进行业务统筹与管理;二是牵头研制中小学教师培训指导纲要,明确中小学教师培训的内容,加强对全省教师培训工作的统筹规划和宏观指导,研究不同类别、层次、岗位、学科教师的素质能力模型,分层、分类、分岗、分学科建立中小学教师培训标准,明确初任培训、任职培训、专门业务培训、岗位培训等培训目标、内容和方式等;三是组织开展教师培训工作研究,探索并推广教师培训新模式,建立教师培训专家库和课程资源库,配合省教育厅做好教师培训业务指导工作;四是完善教师培训经费管理办法,保障省、市、县、校培训经费稳定增长;五是组织对各级教师培训机构的资格认定和教师培训工作的绩

效考核;六是建设全省统一平台的中小学教师培训学习档案和电子学籍等。各市、县(区)要相应建立中小学教师教育工作的领导机构和办事机构,并与培训机构合署办公,构建上下衔接的教师培训规划管理体系。

明确各级中小学教师培训的对象和任务,加强省、市、县、校四级教师培训工作的统筹规划,合理划定培训比例,理顺培训业务分工,建立分层培训机制,形成省级培训做示范、市级培训抓重点、县级培训保全员、校本培训重教研的梯级式培训格局,完善教师梯队培训机制。省级主要承担高中高级职称教师、省级骨干教师的培训任务,抓好市、县两级不能开展的重点培训、专项培训;设区市级主要承担初中教师、市级骨干教师培训及其他专项培训任务;县级主要承担小学教师培训及其他专项培训;学校要建立健全校本培训制度,组织开展校本培训。

2. 加大培训经费投入。充足的培训经费是教师培训工作得以顺利进行的重要条件。1999 年教育部颁布的《中小学教师继续教育规定》:"中小学教师继续教育经费以政府财政拨款为主,多渠道筹措,在地方教育事业费中专项列支。"要从以下三个方面着手建立中小学教师继续教育经费保障机制。

一要确保教师培训经费足额到位。贯彻福建省人民政府《关于进一步加强中小学教师队伍建设的意见》(闽政文〔2008〕344 号),各级财政部门要切实按教职工年度工资总额 1.5%~2.5% 的标准,核拨教师继续教育经费,农村中小学要按学校年度公用经费预算总额的 5% 安排教师培训经费,用于教师参加培训所需的差旅费、伙食补助、资料费和住宿费等开支。随着物价整体水平上涨,现行的培训学员伙食和住宿标准偏低,外聘授课专家差旅费、讲课酬金、学员到实训基地交通等费用也在不断增加,各级政府和教育行政部门在下达培训专项经费时,要适当提高培训学员人均拨款标准。目前,由于各地财力不同,不少县市教师培训经费未能足额到位。要将中小学教师培训经费列入各级政府预算,把教师培训经费落实情况做为教育督政、督学的重要内容,纳入教育年度目标考核体系。要积极争取社会力量捐资、捐助教师培训工作。建立健全教师培训专项经费管理制度,提高教师培训经费的使用效益。

二要不断加大教师培训经费投入。目前各省教师培训经费投入不断加大,如浙江省要求,各地财政要按每年不少于当地教职工工资总额 3% 的比例安排专项资金,用于中小学教师的培训;中小学校要按照不少于学校年度日常公用经费总额 10% 的比例,提取教师培训经费。"十二五"期间,北京市财政每年用于中小学教师培训的专项经费都在 6000 万元以上,人均培训经费不低于 500 元。建议我省根据经济社会发展水平,提高教师培训专项经费投入,新增财政教育经费要把教师培训作为投入重点之一。要加强培训经费省级统筹，省级每年安排专项资金，用于省级统一培训和补助奖励市、县（市、区）级教师培训，进一步加大免费培训教师的力度，从根本上解决教师培训费用不足问题。今后三年，省级每年安排不低于 5000 万元资金用于教师培训工作，其中 3000 万元用于省级培训，2000 万元用于补助市、县开展重点项目培训，确保培训目标任务的落实。

三要建立培训成本分担机制。教育的成本分担是美国高等教育财政专家布鲁斯约翰斯通最早提出的，其核心观点就是高等教育成本应从完全由政府或纳税人负担转向至少部分依靠家长和学生负担。按照"利益获得"原则和"能力支付"原则，大凡非义务教育的成本，都是可以进行分担的。中小学教师培训属于非义务教育范畴，政府、学校和教师个人都从中受益而且也都有能力来分担其成本。应逐步建立由政府、学校和教师个人共同承担教师培训成本的机制，根据不同地区、不同教师的收入水平和培训的不同类型制定合理的、富有"弹性"的成本分担比例。如政府部门组织的教师集中培训，有关部门应负担主要的培训经费，而教师学历提高培训则可以考虑由教师个人负担大部分费用，同时政府和学校给予适当的补贴。

3. 加强培训工作研究。坚持理论与实践相结合、科研与教学相结合，加强对教师培训规律、培训内容、模式和培训方式方法的研究，积极开展培训教改实验，以科研为先导，推动教师培训工作专业化发展。建议省教育厅设立全省中小学教师队伍建设和教师培训专项重大招标课题，引导和鼓励各级教师培训机构利用培训班学员丰富信息资源，深入到中小学校开展调查研究，积极开展新形势下教师培训的难点、热点问题的行动研究，在实践中探索解决方法，使教师培训机构成为教师培训的研究者、组织者和实施者。

4. 加强教师培训督导。将教师培训纳入教育督导体系，实行教师培训工作专项督导制度，对各地教师培训工作进行督导检查，把教师培训列入"对县督导"和教育强县（区）评估的重要内容，促进培训工作质量的不断提高。对在全省教师队伍建设和教师培训工作做出突出成绩的先进单位和先进个人，进行表彰，充分调动并激励各方面的积极性，切实推动中小学教师队伍建设工作取得实效。

5. 加强教师培训交流合作。深化全省教师进修院校"三级联盟"计划，以项目为依托，共享培训资源，推进实质性的交流合作，形成工作合力。支持各级教师培训机构充分利用全国师范大学联席会议、全国教育学院联盟、全国教师教育网络联盟、海西 20 城教师培训协作体等平台，拓展与省外教师培训机构的交流合作。加强与台湾地区教师教育机构的交流合作,努力在海峡两岸教师教育交流合作中发挥先行先试作用。协调引进外国文教专家参与我省中小学教师培训工作,在境外开辟若干个教师培训基地,拓宽培训视野,提升教师培训工作国际化水平。

课题项目负责人:郭春芳

主要参加人:高培青　陈丽英　陈光明

邹开煌　肖龙井　尹雪梅

执笔:肖龙井

第三部分

福建省中小学教师职业道德建设调研报告

新颁布的《国家中长期教育改革和发展规划纲要(2010—2020)》明确提出了"办好人民满意的教育"的指导思想。锤炼一支师德高尚、业务精良、适应现代教育教学要求的高素质的教师队伍是"办好人民满意的教育"的基本条件。为此,各级政府都在努力建设中小学教师队伍。教师发展师德为魂,师德建设是教师队伍建设的重中之重。通过开展中小学教师职业道德建设课题研究活动,全面了解新时期我省中小学教师职业道德的现状,分析中小学教师职业道德建设的经验和教训,以此为现实依据,提出符合我省教师队伍建设实际的师德建设的新思路、新举措。为此,课题组于 2012 年 3 月至 8 月,对我省中小学教师职业道德现状和职业道德建设情况开展调研,现将调研情况报告如下。

引言　关于福建省中小学教师职业道德建设调研的说明

(一)调查思路

师德从语义上可以理解为教师的品德修养,包括其应当遵守的国民公德、职业道德以及作为道德理想的更为高尚的品德。但作为一个学术概念,师德仅是教师职业道德的简称。教师的职业道德(以下简称师德)是教师在从事教育工作中必须遵循的行为准则和道德规范。本调查旨在摸清我省中小学教师的师德现状,重在总结中小学教师师德建设方面的经验教训。为提高我省中小学教师师德建设的针对性和实效性提供事实依据。

(二)调查内容

本调查面向教师、学生、家长三个群体,内容包括师德现状和师德建设两大部分。教师的职业道德与职业规范在一定程度上是一致的。师德现状部分的调查主要围绕我省中小学教师学习践行爱国守法、爱岗敬业、关爱学生、教书育人、为人师表和终身学习六条规范情况展开;师德建设方面的调查集中围绕近年我省教育系统师德建设的成功做法、有益经验和存在问题等方面展开。

(三)调查方法

本调研在调查设计阶段运用了文献法,查阅了有关文献,重点收集师德及其建设方面的相关文献。依据《中华人民共和国教师法》、《中小学教师职业道德规范》等法律法规,结合《教育部关于进一步加强和改进师德建设的意见》、《中共福建省委教育工作委员会、福建省教育厅关于开展"师德建设年"活动的意见》和《福建省中小学教师职业道德考核办法(试行)》文件精神,编制了《福建省中小学教师职业道德现状与职业道德建设调查问卷》教师卷、中学生卷、小学生卷、家长卷。具体调查过程主要采取问卷调查、个别访谈、集体访谈、文本分析等形式。

1. 问卷调查。本次调研在样本的框定上,主要采用分层随机抽样的方法确定调查对象。面向福建省 9 地市,各地市分别随机抽取 1 个市区、1 个县镇、1 个农村,每个区域随机抽取 5 所幼儿园、5 所小学、5 所中学,这些学校所抽取的教师、学生、家长构成总体样本。回收样本总量 9420 份。其中回收有效教师调查问卷 3853 份(其中 800 份有效调查问卷是依托福建基础教育网,面向全省幼儿园、中小学教师开展网络调查获取的),中学生调查问卷 1975 份,小学生调查问卷 1151 份,家长调查问卷 2141 份。

2. 小型座谈。调研组深入福州市仓山区、厦门海沧区、泉州诗山镇、漳州诏安县、龙岩新罗区、莆田涵江区、宁德蕉城区、三明沙县县、南平建瓯市等 9 个县(市、区、镇)召开调研座谈会,有 200 多名中小学校长、教师、学生及家长参加座谈。

3. 个别访谈。调研组对福建省中小学校长培训班、学科教学带头人培养对象培训班的部分学员进行个别访谈。在此基础上,调研组与福建省学校德育研究与指导中心的部分师德教育专家进行专题深度研讨。

4. 文本分析。调研组收集、分析、归纳整理了全省九个地市教育部门加强教师职业道德建设的成功做法和有益经验,为课题研究提供典型的范例和可借鉴的带有规律性的东西。

此次调查代表性强、分布面广,能从一线教师、学生、家长身上获得最真实的信息,在一定程度上比较客观地反映当前我省中小学教师师德现状和师德建设情况。

一、福建省中小学教师职业道德建设的主要做法和经验

教育发展,教师为本;教师素质,师德为首。中共福建省委教育工委、省教育厅把师德建设当作十分重要的工作来抓,把师德素质的提高作为教师队伍素质建设的首要任务来落实,积极探索新形势下师德建设的特点和规律,科学谋划,精心组织,在全省教育系统持续开展以"办人民满意教育"为目标,以"做人民满意教师"为抓手,以职业道德建设为突破口,以践行师德规范为着力点,以规范教师从教行为为核心的师德建设。各级教育行政部门和学校在省委教

育工委、省教育厅的领导下,师德建设既继承了以往主题鲜明、形式多样、注重实效的好传统,又从本地、本校师德建设工作实际出发,在内容方法上进行了一些有益的探索和创新,坚持以学习为主导,以活动抓手,以考评为手段,以激励为动力,着力解决师德建设中的突出问题。师德建设工作卓有成效,推动我省师德建设上新台阶,促进广大教师师德上新水平,涌现出一大批师德高尚的优秀教师。根据调查,我省师德建设的主要做法和经验有以下五个方面。

(一)丰富师德教育内容和创新师德教育方式,提高教师师德水平

近年来,我省进一步建立和完善教师职业道德教育机制,对新教师进行岗前师德教育,并把师德教育作为中小学教师全员培训的首要任务和重点内容。通过专题研讨、经验交流、典型介绍、学习反思等方式,开展教师思想政治教育、职业理想教育、职业道德教育、法制教育、学风和学术规范教育,组织广大教师重点学习《宪法》《教育法》《教师法》等法律法规,以及《社会主义核心价值体系学习读本》《教育部关于进一步加强和改进师德建设工作的若干意见》《中小学教师职业道德规范》和《福建省中小学教师职业道德考核办法(试行)》。通过学习培训,引导教师树立教师职业光荣感、使命感和社会责任感,正确理解师德规范的基本要求和深刻内涵,进一步明确教师的责任和义务,提高贯彻执行职业道德规范的自觉性,依法履行教师职责和义务。各地各校丰富师德教育内容,创新师德教育方式,切实提高教师的师德修养。如福州市教育系统结合本地区和本校的实际,开展"四个自觉做到"教育,推动广大教师依法执教、优质施教、廉洁从教、文明执教。南平市以法律法规为主要内容的"中小学教师队伍师德师风建设知识竞赛",提高教师依法执教的意识。厦门市在师德教育上,始终坚持学、评、行三结合,即以学修德、以评促德、以行立德,在全系统形成学师德理论、练师德修养、展师德风采、做师德模范的浓厚氛围。泉州地区教育系统构建以校为本、覆盖全市、多元分层的师德教育网络,坚持理论学习和职业道德实践相结合、纪律约束与自我教育相结合、整体教育与个别教育相结合,采用专家讲座、巡回报告、演讲比赛等多种形式,提高了师德教育的实效性。宁德市通过演讲会、读书报告、辩论会、民主生活会等多种形式,围绕"怎样做新时期师德高尚的人民教师""我为教师添光彩"等内容深入开展师德大讨论,进一步提高教师的思想认识。

(二)持续开展"师德建设年"活动,体验感悟中提升教师师德修养

2007 年以来,我省每年围绕一个主题开展"师德建设年"活动,先后以"全面提高教育教学质量,办好人民满意的教育""学规范,强师德,树形象""忠诚履职、爱生乐教""爱岗敬业、教书育人、为人师表"等为主题,组织开展形式多样、内容丰富的师德主题教育活动,不断提升教师教书育人的责任感和使命感,增强教师贯彻职业道德规范的自觉性。各地各校以"师德建设年"活动为载体,深化活动主题,丰富活动内容,创新活动形式,促进师德建设各项任务落实。如三明市紧扣"师德建设年"主题,精心打造师德主题实践活动品牌,围绕"一个主题"、推行"两项承诺"、开展"三进"活动、推进"四项关爱"、组织开展"五个一"和"六查六看"活动,通过师德主题教育实践活动,全市教育系统形成教书育人、为人师表、争创一流、团结向上、和谐融洽的良好氛围,切实把师德建设提高到一个新的水平。莆田市教育系统以"师德建设年"活动为契机,开展"守师魂、守师德、守师责、守师业""学规范、找差距"主题教育活动,学校在教师中开展"今天怎么当教师"的讨论,以评选"我心目中的好教师"为突破口,开展"爱的奉献"活动,要求教师做到师德高、师心慈、师业精、师身端、师学勤、师律严。福州市这几年开展"办人民满意的教育,当人民满意的教师""弘扬'三平'精神,深化'双满意'活动""重温师德规范,当人民满意的教师""为人师表、乐教无悔""精心育人、快乐从教""当学生成长的示范者,做负责任的人民教师"等主题教育活动,让广大教师在形式多样的活动中感悟、体验、提升师德素养。

(三)开展培训和岗位大练兵活动,增强教师教书育人的能力

针对一些教师教书育人责任心不强,部分教师教书育人理念、方法与手段急需更新、能力急待增强的现实。根据《福建省人民政府关于进一步加强中小学教师队伍建设的意见》(闽政文〔2008〕344号),关于进一步提升中小学教师教育教学能力,建设一支教学基本功扎实、专业化水平高的教师队伍的精神。我省以深化基础教育课程改革、全面实施素质教育为导向,大力开展中小学教师培训和岗位大练兵活动,提高教师队伍的教育教学水平。各地各校从本地本校实际出发,持续开展教师培训和岗位大练兵活动,提升了教师队伍的教书育人能力。如福州市实施中小学教师素质提升工程,构建立体化教师培训模式,采取集中面授与网络培训相结合,走出去与请进来相结合,全员培训与骨干提升相结合,大力加强中小学骨干教师队伍建设。泉州市2010年开展以"要做教书人,先做读书人"为主题的"教师读书工程"活动,2011年开展"书香校园"和"书香教师"评选表彰活动,通过多渠道、分层次地组织广大教师参与读书学习活动,为教师创设理论业务学习、交流研讨和实践探索的平台,提升

了广大教师的精神境界、人文素养和教育教学能力，促进了教师队伍的专业发展。厦门市大力开展岗位练兵活动，以教师岗位大练兵为践行师德规范的平台，将师德教育成效体现在教师精教书、善育人上。立足实际、立足岗位，围绕"干什么、学什么、练什么、比什么，缺什么、补什么"思路，因岗施练，学以致用。通过岗位练兵活动，铸就教书育人过硬本领，一大批优秀中青年教师和专业技术能手脱颖而出，他们以人格魅力、学识魅力为人师表，成为学生爱戴、家长信任和社会尊重的老师。

(四)培育宣传师德先进典型，发挥师德榜样引领带动作用

我省注重培育、树立、宣传、推广师德先进人物，在广大教师中树立爱岗敬业、关爱学生、为人师表、教书育人、改革创新、扎根边远山区等各类先进典型，及时总结教师在教书育人工作中的先进经验，特别注意挖掘先进教师的好思想、好作风、好做法，并加以宣传推广，充分发挥先进典型人物的激励、导向和示范作用。2008年以来，省委教育工委、省教育厅评选表彰300多名"师德标兵""师德先进个人"。涌现出"全国道德模范"阮文发，"全国教书育人楷模"黄金莲，"全国模范教师"陈文明等一大批先进模范教师，2011年我省庄巧真老师以扎根农村战胜病魔的感人事迹入选全国十大"最美乡村教师"。通过举办师德报告会、师德论坛和新闻媒体广泛宣传优秀教师的先进事迹，充分展示优秀教师的风采，树立了教育的良好形象，激励广大教师崇尚先进、学习先进，努力争当师德表率、育人楷模。各地各校也广泛开展树标杆、学典型的活动，选树一批教师身边的可亲、可敬、可爱、可学的师德先进典型，实事求是地挖掘师德模范的真人、真事、真心、真情；通过开展学习会、报告会、座谈会、讨论会等形式，组织教师联系实际，从思想、学习、工作等方面对照师德先进典型人物；开展"比奉献、比敬业、比育人、比质量"，努力做学生爱戴、人民满意的教师的活动。如泉州市自2008年起，与邮政局、泉州晚报社等联合举办泉州市中小学名校长、名教师、名班主任系列评选活动，在各县(市、区)教育局和市直学校推荐的基础上通过评委会投票、公众投票评选表彰了一批名校长、名教师和名班主任。2011年开展第二届泉州市中小学名校长评选活动，新增泉州市文化广播新闻出版局、泉州电视台等联办单位，引入电视访谈环节，扩大评选的影响力，引起社会各界对教育的关注。福州市持续开展"师表工程"建设，实现"四三二一"目标：四高——高度的觉悟、高度的社会责任感、高尚的道德情操、高超的教学艺术；三种精神——奉献精神、敬业精神、创新精神；二严——严肃的自我修养、严谨的治学态度；一强——强化为人师表意识。要求优秀教师开展好送教、送培下乡活动,促进农村教师专业成长,充分发挥其示范、引领和辐射作用。厦门市始终坚持典型引导,榜样示范,大力评选表彰"师德标兵""十佳班主任""优秀辅导员""杰出教师""优秀校长"。营造了浓厚的学习宣传氛围,以首届优秀校长、杰出教师的事迹为素材,编辑报告文学《槐台弦歌》;组建师德标兵先进事迹报告团,到各区各校巡回宣讲;开展"讲述我们身边的好老师"活动,挖掘教师在平凡工作中的不平凡精神。通过报纸、电台、电视等多种媒体,以人物专访、专题拍摄、故事讲述等多种形式进行新闻宣传,充分发挥优秀教师引领示范作用。

(五)健全师德考核奖惩制度和多维监督制约机制,规范教师从教行为

我省进一步完善教师职业道德考核奖惩制度,2009 年,制定出台《福建省中小学教师职业道德考核办法(试行)》,明确 24 条师德规范具体要求,细化考核内容和标准。建立师德年度考评和奖惩机制,并在全国率先提出在中小学教师资格认定、职务评聘和晋升、表彰奖励等工作中实行师德"一票否决"20 种情形,明确规定教师"应该做什么,不应该做什么",使抽象师德有了具体评价标准和考评办法,有力地规范了全省中小学教师的职业道德和职业行为。同年出台《福建省中小学校和教职工绩效考核工作指导意见(试行)》,将师德建设作为学校办学水平的重要指标,把师德管理工作业绩作为校长任用的重要标准,把师德考核作为教师工作考核、职务评聘和评先评优的重要依据。2010 年至 2012 年,全省共查处 58 起师德违纪案件,对广大教师起到较好的警示教育作用。各地各校结合实际,以强化师德考核评价为手段,规范考核程序,完善奖惩和监督机制。制定《福建省中小学教师职业道德考核办法(试行)》实施方案,进一步细化考核内容和标准,通过师德评议、设立举报电话等形式,自觉接受学生、家长和社会对师德的监督和评议,认真解决群众反映强烈的有偿补课、有偿托管、学术不端等突出问题,引导教师自觉规范从教行为,积极践行高尚师德。三明市开展"六查六看"活动,南平市建立教师"师德档案"做法,莆田市签定师德师风责任状、承诺书,有效地规范了教师的从教行为。泉州市建立"八个严禁"制度,有力地抵制了有偿家教。漳州市规范管理工作的"五抓",提升了学生、家长、社会对学校的满意度。福州市建立学校、教师、家长、学生"四位一体"的师德师风建设监督机制和"五评"师德师风建设社会监督活动,使师德要求落到实处有了根本保证。

二、福建省中小学教师职业道德现状调查与分析

近年来,在省委教育工委、省教育厅的领导下,通过各级教育行政部门和学校的共同努力,我省师德建设工作成果显著。广大教师精神风貌积极向上,师德水平不断提高,绝大部分教师都能够忠于党和人民的教育事业,敬业爱岗,乐于奉献,为人师表,教书育人,为我省基础教育改革和发展作出了巨大的贡献,赢得了广大学生的爱戴和社会的广泛赞誉。

(一)师德水平总体良好

在调查中我们通过"评价他人"的行为方式,让教师直接对整个教师队伍师德作出总体评价。调查结果显示,37.24%的教师对当前师德的评价是"很好",50.09%的教师评价是"较好";64%的教师认为,和以前相比,当前师德素质是有所上升的。对当前师德评价"很好"和"较好"的城市、县镇、农村教师分别占93.16%、85.91%、84.12%;和以前相比,认为当前教师的师德素质有所上升的城市、县镇、农村教师分别占67.18%、63.58%、59.64%,城市教师对当前教师师德评价值最高,具体情况详见表3-1～表3-4。

表3-1　"您对当前教师职业道德(师德)的评价是:"(教师卷)

选项	小计	比例
很好	1436	37.27%
较好	1961	50.90%
一般	429	11.13%
较差	27	0.70%
本题有效填写人次	3853	

表3-2　"您认为和以前相比,当前教师的师德素质是:"(教师卷)

选项	小计	比例
有所下降	728	18.89%
有所上升	2466	64.00%
基本没有变化	659	17.10%
本题有效填写人次	3853	

表 3-3　"您对当前教师职业道德(师德)的评价是:"

各选项与城市、县镇、农村的相关分析(%)(教师卷)

X\Y	很好	较好	一般	较差	小计
城市	618(43.62%)	702(49.54%)	90(6.35%)	7(0.49%)	1417
县镇	541(34.82%)	794(51.09%)	210(13.51%)	9(0.58%)	1554
农村	277(31.40%)	465(52.72%)	129(14.63%)	11(1.25%)	882

表 3-4　"您认为和以前相比,当前学校教师的师德素质是:"

各选项与城市、县镇、农村的相关分析(%)(教师卷)

X\Y	有所下降	有所上升	基本没有变化	小计
城市	208(14.68%)	952(67.18%)	257(18.14%)	1417
县镇	315(20.27%)	988(63.58%)	251(16.15%)	1554
农村	205(23.24%)	526(59.64%)	151(17.12%)	882

学生对自己老师师德评价"很好"的占 58.38%,"较好"的占 33.47%,超过 9 成的学生认可自己老师的师德。家长对当前师德状况表示满意和基本满意的分别是 65.57% 和 32.37%,家长对当前教师师德的满意度是比较高的,具体情况详见表 3-5、表 3-6。

表 3-5　"你对你的老师职业道德(师德)的评价是:"(中学生卷)

选项	小计	比例
很好	1153	58.38%
较好	661	33.47%
一般	149	7.54%
较差	12	0.61%
本题有效填写人次	1975	

表 3-6　"您对当前学校教师的职业道德状况的看法是:"(家长卷)

选项	小计	比例
满意	1404	65.57%
基本满意	693	32.37%
不太满意	34	1.59%
很不满意	10	0.47%
本题有效填写人次	2141	

我省中小学教师师德水平良好,主要表现在以下五个方面。

1. 爱国守法,基本做到依法执教

(1)爱国守法。爱国守法是教育工作者必备的素质和前提,是每个教师的神圣职责和义务。调查结果显示,大部分教师认识到,祖国的未来和希望都寄托于孩子身上,身为人师必须具有强烈的爱国主义精神,担负起教书育人的重任;教师的职业纪律和法律是维持教育活动正常进行的保证,遵纪守法,才能率先垂范,做学生的好榜样。

(2)依法执教。依法执教是教师职业的基本要求,是教师职业道德的首要准则。教师要贯彻党和国家教育方针政策,遵守教育法律法规,依法履行教书育人的职责。调查结果表明,大部分中小学教师了解新颁布的《中小学生守则》10条、《小学生日常行为规范》20条和《中学生日常行为规范》40条,了解国家教育部2008年颁布的《中小学教师职业道德规范》。78.57％和19.62％的教师表示他们能够很好或较好遵守法律法规,依法进行教育教学活动,在课堂上坚守讲授纪律,没有违背党的路线、方针、政策和对抗"四项基本原则"的言行,在教育教学等活动中能依法维护自身合法权益、保护学生合法权力。城市、县镇、农村教师能很好遵守法律法规,依法进行教育教学活动的分别占83.35％、77.23％和73.24％,城市教师比例最高,依法执教做得更好些,详情见表3-7、表3-8。

表3-7　"就您校教师自觉遵守法律法规,依法进行教育教学活动情况进行评价:"(教师卷)

选项	小计	比例
很好	3027	78.57％
较好	756	19.62％
一般	68	1.76％
很差	2	0.05％
本题有效填写人次	3853	

表3-8　"就您校教师自觉遵守法律法规,依法进行教育教学活动情况进行评价:"
各选项与城市、县镇、农村的相关分析(％)(教师卷)

X\Y	很好	较好	一般	很差	小计
城市	1181(83.35％)	219(15.46％)	16(1.13％)	1(0.07％)	1417
县镇	1200(77.23％)	325(20.91％)	28(1.80％)	1(0.06％)	1554
农村	646(73.24％)	212(24.04％)	24(2.72％)	0(0％)	882

2. 职业意识明确，能够做到爱岗敬业

爱岗敬业是做好教育工作的情感要求，是教师职业的本质要求，是教师职业道德的基础和前提。倡导"爱岗敬业"，就是要求教师要热爱教育事业，有职业理想和敬业精神，有成就本职工作的的责任感和使命感，有敬重本职工作的敬畏感。

（1）对教师职业的认同度。考察教师对自身这个职业的认同度，是了解教师对教育事业认识和态度的最直接、最有效的方式。在接受问卷调查的教师中，选择"十分热爱"教师职业和"比较喜欢"教师职业的教师分别为 33.79% 和 54.43%，近 9 成。而选择不喜欢教师职业的教师有 11.78%。这在一定程度上反映出教师对自身职业的现实评价和职业道德倾向。随着教师越来越受到社会的重视，教师开始珍惜自己的工作岗位，爱岗意识比过去增强了，详情见表 3-9。

表 3-9 "您对教师这个职业的态度和认识是："（教师卷）

选项	小计	比例	
十分热爱，作为一种事业来追求	1302		33.79%
比较喜欢，是适合自己的职业	2097		54.43%
不太喜欢，只不过是谋生的一种方式，很无奈	331		8.59%
不喜欢，如果可能，一定改行	123		3.19%
本题有效填写人次	3853		

女教师的职业认同度比男教师高。对教师这个职业的态度，有 12.71% 的男教师不太喜欢，只不过是谋生的一种方式；作此回答女教师只有 5.86%。有 4.76% 男教师不喜欢，如果可能，一定改行；作此回答的女教师只有 2.16%。由此看出，教师职业对于女教师的吸引力远大于男教师，详情见表 3-10。

表 3-10 "您对教师这个职业的态度和认识是："

各选项与性别的相关分析（%）（教师卷）

X\Y	十分热爱，作为一种事业来追求	比较喜欢，是适合自己的职业	不太喜欢，只不过是谋生的一种方式，很无奈	不喜欢，如果可能，一定改行	小计
男	517(33.70%)	749(48.83%)	195(12.71%)	73(4.76%)	1534
女	785(33.85%)	1348(58.13%)	136(5.86%)	50(2.16%)	2319

城市教师比县镇和农村教师的职业认同度高。县镇和农村教师选择不太喜欢教师职业的人数分别是 10.55％、10.09％,而城市只有 5.5％;县镇和农村教师不喜欢教师职业,想改行的人数分别是 3.73％和 3.29％,而城市作此选择的只有 2.54％。可见,县镇和农村地区教师的职业倾向性比较一致,教师对职业热情略低于城市。县镇和农村地区由于经济发展及教师的收入、地位均不如城市,因而教师的职业信念的坚定性略逊一些,详情见表 3-11。

表 3-11 "您对教师这个职业的态度和认识是:"

各选项与城市、县镇、农村的相关分析(％)(教师卷)

X\Y	十分热爱,作为一种事业来追求	比较喜欢,是适合自己的职业	不太喜欢,只不过是谋生的一种方式,很无奈	不喜欢,如果可能,一定改行	小计
城市	471(33.24％)	832(58.72％)	78(5.50％)	36(2.54％)	1417
县镇	503(32.37％)	829(53.35％)	164(10.55％)	58(3.73％)	1554
农村	328(37.19％)	436(49.43％)	89(10.09％)	29(3.29％)	882

对教师角色的自我认同,是教师爱教、乐教的前提条件。只有"悦纳"自己的教师身份,愉快地接受自己的教师角色,才能敬业、爱业、乐业;才能抵制社会上的各种诱惑和消极影响,按照自己的职业身份在教师岗位上创造性地开展工作,塑造良好的职业道德。教师职业认同感来源于教师对职业的希望以及职业生涯给予的成功快乐。目前,多数教师的职业信念是坚定的,职业期望值也在逐步提升。但是,他们也期望得到更多的社会认同。

(2)对教师工作的评价。从学生角度考察教师对待教育事业的道德,更能客观地评价教师的工作,因为学生是教师教育教学的对象。调查显示,78.38％学生认为自己的老师很敬业;21.11％的学生认为自己的老师敬业精神一般。这一结果表明,部分教师的敬业精神有待提升,详情见表 3-12。

表 3-12 "你对你的老师敬业精神的评价是:"(中学生卷)

选项	小计	比例
很敬业	1548	78.38％
一般	417	21.11％
很不负责	10	0.51％
本题有效填写人次	1975	

通过家长对中小学教师工作态度的评价,也能够十分有效地从侧面反映出教师对待教育事业的态度。在接受问卷调查的家长中,认为教师很敬业的有72.72％,认为大部分教师很敬业有25.46％。这一结果表明大部分教师对待教育事业做到了尽职尽责,他们的工作得到家长的认可,详情见表3-13。

表 3-13 "您认为您孩子所在班级的教师的工作态度如何?"(家长卷)

选项	小计	比例
很敬业	1557	72.72％
大部分老师很敬业	545	25.46％
个别老师很敬业	39	1.82％
本题有效填写人次	2141	

教师在课堂上的精神状态可以体现教师的工作态度。调查显示,85.26％的学生认为教师在课堂上充满激情。这表明在学生眼中,大多数教师热爱教育事业,能够认真对待课堂教学,详情见表3-14。

表 3-14 "总体而言,你认为你的老师在课堂上是:"(中学生卷)

选项	小计	比例
充满激情	1684	85.26％
热情不足	277	14.03％
精神萎靡	14	0.71％
本题有效填写人次	1975	

学生作业的批改情况可以反映出教师的工作态度和工作质量。下面是一组关于学生作业批改情况面向学生和家长的具体调查(表3-15～表3-17)。

表 3-15 "你的老师是否能及时正确地批改作业,
并能指出作业中存在的问题?"(小学生卷)

选项	小计	比例
完全能	1016	88.27％
基本能	127	11.03％
完全不能	8	0.70％
本题有效填写人次	1151	

表 3-16 "你的老师是否能及时正确地批改作业,并能指出作业中存在的问题?"(中学生卷)

选项	小计	比例
完全能	947	47.95%
基本能	999	50.58%
完全不能	29	1.47%
本题有效填写人次	1975	

表 3-17 "总体看来,您认为老师们批改您孩子各科作业认真吗?(家长卷)

选项	小计	比例
非常认真	814	38.02%
认真	1297	60.58%
不认真	26	1.21%
很不认真	4	0.19%
本题有效填写人次	2141	

调查结果表明,认为老师完全能及时、正确地批改作业,并能指出作业中存在的问题的小学生有 88.27%;而中学生只有 47.95%;认为教师批改孩子作业非常认真和较认真的家长分别有 38.02% 和 60.58%。这表明整体状况良好,但中学教师批改作业的质量需要提升。

通过"评价他人"的行为方式,让教师直接对本校教师在教育教学工作中是否"认真备课、认真批改作业、认真辅导学生"作出评价,详情见表 3-18。

表 3-18 "就您校教师'爱岗敬业,在教育教学工作中能否做到认真备课、认真批改作业、认真辅导学生'情况进行评价:"(教师卷)

选项	小计	比例
很好	2664	69.14%
较好	1020	26.47%
一般	162	4.21%
很差	7	0.18%
本题有效填写人次	3853	

　　调查结果显示,69.14％的教师表示他们学校教师很好地做到"认真备课、认真批改作业、认真辅导学生",26.47％的教师表示他们学校教师较好地做到"认真备课、认真批改作业、认真辅导学生"。这表明绝大多数教师在教育教学工作中还是认真负责的。在座谈中,有6成的教师表示在双休日里,除了做必要的家务劳动之外,主要还是从事与教育教学有关的学习和研究;9成以上的教师表示下班后仍要考虑教学中的事;有7成的教师感到工作中的压力比较大或很大。这说明绝大多数教师还是敬业的,对教师职业有敬畏感。

　　3. 尊重学生人格,关心爱护学生

　　爱是教育的根基,爱学生是教师的天职,是师德的灵魂。倡导"关爱学生",就是要求教师关心爱护全体学生,尊重学生人格,平等公正对待学生;对学生严慈相济,做学生的良师益友;保护学生生命安全,关心学生身心健康,维护学生权益。不讽刺、挖苦、歧视学生,不体罚或变相体罚学生。

　　(1)对学生的关心和帮助。学生是最能真实、直接地感受到师爱存在的群体。所以关于此项调查也主要面向学生,详情见表3-19、表3-20。

表 19　"你能感受到你的老师对你的关心吗?"(小学生卷)

选项	小计	比例
经常	1004	87.23％
偶尔	137	11.90％
从来没有	10	0.87％
本题有效填写人次	1151	

表 3-20　"你能感受到你的老师对你的关心吗?"(中学生卷)

选项	小计	比例
经常	1223	61.92％
偶尔	691	34.99％
从来没有	61	3.09％
本题有效填写人次	1975	

　　调查结果显示,能经常感受到教师关心的小学生和中学生分别有87.23％和61.92％,偶尔感受到的分别有11.9％和34.99％,从来没有感受到的分别有0.87％和3.09％。可见,教师特别是中学教师对学生的关心在频

度和程度上都还不够。

有爱心的教师,应该真心实意关心、爱护学生,时刻为学生着想;当学生有困难求助老师时,应给予热情的帮助,详情见表 3-21、表 3-22。

表 3-21 "学习或生活中有问题求助于你的老师时,老师是否做到热情帮助?"(中学生卷)

选项	小计	比例
很热情	1248	63.19%
比较热情	673	34.08%
不怎么热情	54	2.73%
本题有效填写人次	1975	

表 3-22 "你的老师曾经就日常生活中的问题和你谈过心吗?"(小学生卷)

选项	小计	比例
经常	780	67.77%
偶尔	329	28.58%
从来没有	42	3.65%
本题有效填写人次	1151	

调查结果显示,当学生就"学习或生活中的问题求助于老师时,得到老师热情和比较热情地帮助的学生分别有 63.19% 和 34.08%,对于班级中的"差生"和"学困生",大部分老师通常能够从学生特点出发加以正确引导。而问及"你的老师曾经就日常生活中的问题和你谈过心吗?",回答经常和偶尔谈心的分别有 67.77% 和 28.58%。34.08% 的比较热情和 28.58% 的偶尔谈心,说明少数教师对学生的关爱是不够的。

(2)对学生的尊重和理解。渴望得到别人尊重,是人的一种普遍需要。处在成长期的学生的自尊心更是敏感和脆弱,需要教师的呵护。尊重学生是学生成材的重要前提,也是教师必须具备的职业道德修养。调查结果显示,有94.53% 学生表示,教师在其职业活动中尊重他们的人格,详情见表 3-23。

表 3-23 "你的老师是否尊重学生人格?"(中学生卷)

选项	小计	比例
尊重	1867	94.53%
不尊重	108	5.47%
本题有效填写人次	1975	

学生始终充满着活力和热情，且个性各异。有效的教育教学活动需要教师遵循教育规律和学生的身心发展规律。尊重学生个体差异，主动满足学生的不同需要，要求教师拿出更多的时间和精力加强对学生的了解，学生对教师这方面工作的感受和评价，详见表 3-24、表 3-25。

表 24 "你认为你的老师理解你们吗?"(小学生卷)

选项	小计	比例
很理解	886	76.98%
比较理解	257	22.33%
根本不理解	8	0.69%
本题有效填写人次	1151	

表 3-25 "你认为你的老师理解你们吗?"(中学生卷)

选项	小计	比例
很理解	586	29.67%
比较理解	1280	64.81%
根本不理解	109	5.52%
本题有效填写人次	1975	

调查结果显示，九成以上学生认为教师能够了解他们的进步和不足，体会他们的快乐与烦恼。在受访的教师中，超过 5 成的教师表示，与学生交往密切且很有感情。在受访的学生中，超过 9 成的学生表示喜欢他们的老师或其中有的老师。由此可见，在当前的校园生活中，师生之间可以做到相互的理解，能够保持良性的互动关系。

(3)平等公正地对待学生。作为一个正常的社会人，都渴望得到别人的关注，在别人的心目中占据应有的地位。同样，作为社会一分子的学生也具有这种心理需求，他们希望得到别人的关注，尤其希望得到教师的热情关注。学生非常在乎教师能否做到一视同仁。因此，我们设置了直接考察教师公正品质的选题，具体见表 3-26、表 3-27。

表 3-26 "您认为教师能做到平等公正地对待每一位学生吗?"(教师卷)

选项	小计	比例
能做到	1160	30.11%
基本能做到	2519	65.38%
不可能做到	174	4.51%
本题有效填写人次	3853	

表 3-27 "你认为你的老师对你们做到一视同仁了吗?"(中学生卷)

选项	小计	比例
完全能	708	35.85%
基本能	1152	58.33%
完全不能	115	5.82%
本题有效填写人次	1975	

教师问卷的调查结果显示,认为能做到和基本能做到一视同仁的分别为30.11%和65.38%;学生问卷的调查结果显示,认为教师完全能做到和基本能做到一视同仁的分别为35.85%和58.33%。学生问卷统计结果与教师问卷的统计结果较为接近,说明绝大多数教师在教育教学中不以个人私利和好恶为标准,公平公正对待每一位学生,基本能做到一视同仁。

(4)保护学生安全,维护学生权益。保护和扶助学生,是教师职业道德必须遵守的道德底线。中小学生作为未成年人,更需要得到教师的呵护、帮助和引导。调查结果显示,70.13%和25.23%的教师认为他们学校教师履行了教师重要的职责,很好地或较好地保护每一个学生的身心健康和生命安全,详情见表3-28。

表 3-28 "就您校教师有关'关心学生安生和身心健康,
维护学生正当权益'情况评价:"(教师卷)

选项	小计	比例
很好	2702	70.13%
较好	972	25.23%
一般	172	4.46%
很差	7	0.18%
本题有效填写人次	3853	

（5）对违纪学生的耐心劝导或批评教育。惩罚，作为一种手段，近年来受到教育界的广泛关注。下面是一组面向教师、学生及其家长的关于"如何处理违纪学生"的调查。教师卷的调查结果显示，对于上课违反课堂纪律的学生，64.31％的教师是耐心劝导，33.56％的教师是批评教育。多数教师对使用惩罚手段十分谨慎。在对待"后进生"的问题上，大部分教师能坚守师德底线，做到不体罚、不辱骂、不训斥、不冷落、不羞辱嘲笑学生，详情见表3-29。

表3-29 "当班上某个同学上课违反课堂纪律，您通常做法是："（教师卷）

选项	小计	比例
耐心劝导	2478	64.31％
置之不理	66	1.71％
批评教育	1293	33.56％
对其进行处罚	16	0.42％
本题有效填写人次	3853	

学生卷的调查结果显示，51.04％的中学生认为教师对违反课堂纪律的同学通常是耐心劝导，43.24％的中学生认为教师对违反课堂纪律的同学通常是批评教育，具体情况详见表3-30。

表3-30 "当班上某个同学上课违反课堂纪律，你的老师通常的做法是："（中学生卷）

选项	小计	比例
耐心劝导	1008	51.04％
置之不理	47	2.38％
批评教育	854	43.24％
对其进行处罚	66	3.34％
本题有效填写人次	1975	

家长卷的调查结果显示，85.89％的家长表示，孩子所在班级的教师对学生没有体罚、变相体罚或侮辱现象。学生和家长的回答，进一步证实了前面教师的说法，具体情况详见表3-31。

表 3-31 "你孩子所在班级的教师对学生有无体罚、变相体罚或侮辱现象?"(家长卷)

选项	小计	比例	
有	56		2.62%
偶尔有	246		11.49%
没有	1839		85.89%
本题有效填写人次	2141		

4. 重视表率作用,塑造良好教师形象

为人师表是教师职业的内在要求,是师德的核心。学高身正,是为人师表的具体要求。倡导"为人师表",要求教师要以身作则,以自己的人格魅力和学识魅力教育、影响学生,在各方面率先垂范,给学生以正面的引导和良好的行为示范。调查结果表明,有 98.58% 的教师赞同"教师的言行对学生来说具有很强的示范作用",详情见表 3-32。

表 3-32 "教师的言行对学生来说具有很强的示范作用"(教师卷)

选项	小计	比例	
很赞同	2979		77.32%
较赞同	819		21.26%
不太赞同	50		1.29%
很不赞同	5		0.13%
本题有效填写人次	3853		

(1)恪守职业情操。立德树人是教育的根本任务,教师不仅用知识教人,更要用自己的品格育人。调查结果显示,有 67.51% 和 28.94% 的教师表示能够加强师德修养,在思想政治、道德品质、学识学风上,以育人者的标准严格要求自己,时刻不忘自己的身份,很好和较好地坚守高尚情操,以身立教、为人师表,详情见表 3-33。

表 3-33　"对教师'坚守高尚情操,知荣明耻,严于律己,廉洁从教,
为人师表,以身作则'情况进行评价"(教师卷)

选项	小计	比例
很好	2601	67.51%
较好	1115	28.94%
一般	129	3.35%
很差	8	0.20%
本题有效填写人次	3853	

(2)文明执教。教师的言谈举止、为人处事都会进入学生的视野,对学生的成长产生重要的影响。特别是中小学教师,工作对象是身心尚未完全成熟的青少年,教师要严于律己,随时检点自己的言行,准确把握好为人师者的言行尺度,用自己的言行为学生做出表率。调查结果显示,94.58%的中学生表示自己的老师仪表端庄,言行得体,以身作则,为人师表,详情见表3-34。

表 3-34　"你的老师是否举止端庄,语言文明,礼貌待人,以身作则,为人师表?"(中学生卷)

选项	小计	比例
是	1868	94.58%
否	107	5.42%
本题有效填写人次	1975	

(3)廉洁从教。廉洁是一切美德的根基,更是教师育人的品德基础。教师在整个教育教学生涯中都要坚持清廉的原则,始终以清廉纯洁的道德品行为学生和世人做出表率。在调查中,有91.85%的中学生表示,老师并没有利用职务之便向他们摊派、销售对学习意义不大的报刊、音像资料、教辅用书和用具、试卷或其他用品来谋取私利。97.85%的家长表示,孩子的老师没有请家长办事、向家长索要财物等行为;85.94%家长表示,没有给孩子请家教,详情见表3-35～表3-37。

表 3-35　"你的老师是否向你们摊派、销售对学习意义不大的报刊、
音像资料、教辅用书和用具、试卷或其他用品?"(中学生卷)

选项	小计	比例
有	161	8.15%
没有	1814	91.85%
本题有效填写人次	1975	

表 3-36 "您孩子的老师有无请家长办事、索要财务等行为?"(家长卷)

选项	小计	比例	
有	21		0.98%
偶尔有	25		1.17%
没有	2095		97.85%
本题有效填写人次	2141		

表 3-37 "您给孩子请的有偿家教老师是:"(家长卷)

选项	小计	比例	
本班的任课老师	80		3.73%
本校其他班的老师	56		2.62%
其他学校的老师或大学生	165		7.71%
没请家教	1840		85.94%
本题有效填写人次	2141		

（4）平等对待家长。主动与家长保持密切联系是教师的责任和义务,尊重家长是对教师为人师表道德规范的具体要求。调查结果显示,95%的家长表示,教师与家长相互交往中信守尊重家长的职业道德规范,对待家长的态度是亲切和气的,能与家长进行有效沟通合作,共同促进孩子发展,详情见表3-38。

表 3-38 "您孩子所在班级的教师有指责、训斥家长吗?"(家长卷)

选项	小计	比例	
经常	22		1.03%
有时	81		3.78%
几乎不	365		17.05%
从来不	1673		78.14%
本题有效填写人次	2141		

5. 有学习提升意识,自觉提高专业素养和教育教学水平

终身学习是时代发展的要求,是教师职业生存的基础,是教师专业发展的不竭动力。倡导"终身学习",要求教师树立终身学习理念,拓宽知识视野,更新教育观念,完善知识结构,潜心钻研教育教学业务,勇于探索创新,不断提高

专业素养和教书育人的能力水平。

调查结果显示,大部分教师具有终身学习的理念,能够努力学习先进的教育理论,了解教育改革与发展的经验和做法,开拓视野;能够自觉钻研业务,力求精通所任课程的专业知识,并顺应时代发展的要求优化知识结构,提高文化素养;能够在教育教学方法上探索创新,不断提高自己专业化水平。在座谈中,很多教师表示,他们积极参加各级各类教师培训,自觉更新教育教学理念;在平时教育教学中能自觉学习运用教育学、心理学知识;在工作之余,能自觉阅读教育教学理论书籍,反思自己的教育教学行为;积极参加校本教研,与同伴切磋交流教学经验,同学科教师之间在专业知识方面进行交流,不同学科教师之间在教学方法和教育手段方面进行积极探讨,详情见表 3-39。

表 3-39 "对教师'努力学习,勇于探索,潜心钻研业务,
在教育教学工作上精益求精'情况进行评价:"(教师卷)

选项	小计	比例
很好	2334	60.58%
较好	1221	31.69%
一般	284	7.37%
很差	14	0.36%
本题有效填写人次	3853	

(二)师德存在的突出问题

总体来看,目前我省大多数教师都能自觉地遵守职业道德,做到爱国守法、爱岗敬业、关爱学生、教书育人、为人师表、终身学习,赢得了社会的尊重。但是,我们还是应该实事求是地看到,由于社会正处于转型时期,在改革开放和市场经济的大环境下,在意识形态多元化和社会上一些不良风气的影响下,有些教师身上还存在着一些民众不满意、甚至社会反映比较强烈的职业道德修养方面的问题。

1. 少数教师职业信念动摇,敬业精神不足

受市场经济发展所带来的功利思想的影响,少数教师在追求人生价值的过程中,过于注重眼前实惠和个人利益,在付出和索取、理想和现实的矛盾中陷入了误区,过分看重个人利益,把自己的工作商品化,缺乏忠诚党的教育事业的责任感和使命感,出现了职业信念动摇、职业情感淡漠、敬业精神不足的

不良倾向。

调查结果显示,有 8.59％的教师不太喜欢教师职业,把自己所从事的教育教学工作仅当作是一种谋生的手段;3.19％的教师表示,如果有机会一定改行;67.27％的教师对自己的劳动收入不满意;30.63％的学生表示,老师在他们面前将教师职业与社会其他职业进行过对比并流露出不满情绪,具体情况详见表 3-40、表 3-41。

表 3-40　"在您所在区域,您觉得自己劳动收入同其

他行业相比,满意程度如何?"(教师卷)

选项	小计	比例
满意	185	4.80％
比较满意	1076	27.93％
不太满意	1475	38.28％
不满意	1117	28.99％
本题有效填写人次	3853	

表 3-41　"你的老师曾经在学生面前将教师职业与社会

其他职业进行过对比,并流露出不满情绪吗?"(中学生卷)

选项	小计	比例
没有老师涉及过	1260	63.80％
极个别老师偶尔涉及	605	30.63％
极个别老师经常涉及	61	3.09％
很多老师偶尔涉及	32	1.62％
很多老师经常涉及	17	0.86％
本题有效填写人次	1975	

对于教师进行社会兼职的做法,63.22％的教师认为是市场经济的必然,表示可以理解。14.03％的学生认为,老师在课堂上热情不足,对学生没耐心、对教学不认真,不备课,不写教案,上课多是"即兴演讲";超过 38％的学生表示,老师存在不按时上课、拖课或随意调课、旷课现象;超过 26％的学生表示,他们的老师功利性太强,过分看重自己的个人利益,以单纯的挣钱为目的,把大部分精力放在从事有偿家教,对学生漠不关心,不注重自己教育教学能力的

提高,影响了正常的教学等,具体情况详见表 3-42~表 3-44。

表 3-42 "对于教师进行社会兼职的做法,您的看法是:"(教师卷)

选项	小计	比例
可以理解,市场经济的必然	2436	63.22%
不可以,这样太分散教学的精力	1036	26.89%
没有看法	381	9.89%
本题有效填写人次	3853	

表 3-43 "你的老师有没有不按时上课、拖堂或随意调课、旷课现象?"(中学生卷)

选项	小计	比例
没有	1208	61.16%
偶尔有	704	35.65%
经常有	63	3.19%
本题有效填写人次	1975	

表 3-44 "你的老师有没有搞有偿家教?"(中学生卷)

选项	小计	比例
有	196	9.92%
偶尔有	333	16.86%
从来没有	1446	73.22%
本题有效填写人次	1975	

关于"你希望老师们在哪些方面能够做得更好?"的问题(中学生卷),许多学生希望:"老师们要尽量避免在上课时接电话""希望个别老师重视教学水平的提高,认真负责地把每一堂课上好""希望老师能针对不同学生因材施教"等等。

当被问及"您认为当前教师在师德方面主要存在哪些问题?"(家长卷)时,不少家长反映:"有些教师兢兢业业精神不强,对教学工作投入不多""有些教师不务正业,课内不认真授课,课外作业多,甚至要求学生购买特定的课外学习资料""有的老师太过追求名利,不安于自己的职业,工作三心二意;有的老师经不起钱的诱惑,利益熏心、拜倒'孔方兄'脚下满身铜臭味,故意把课内教学留到课外"等等。

调查结果表明,面对市场经济条件下的各种社会诱惑,教师要做到爱岗敬业,必须志存高远,树立崇高的职业理想和坚定的职业信念,培养高尚的道德情操,包括强烈的敬业意识和忠诚自己本职工作的事业心,敬重本职工作的责任感和成就本职工作的使命感。

2. 一些教师育人意识淡薄,教书育人能力不强

"教书育人",既是教师的根本责任和使命所在,又是教师的道德义务和立业之本。教书是手段,育人是目的,二者相辅相成,辩证统一。在教学活动中教师应根据学生身心发展的一般规律与特点,遵循教育规律,既教书,向学生传授科学文化知识,发展其智力,培养其能力;又育人,全面关心学生,用科学的世界观、人生观、价值观引导他们,培养学生的良好品行,增进学生身心健康,激发学生的创造精神,促进学生的全面发展。但是,在访谈中我们了解到,受应试教育的影响,人们对学生、教师、学校的评价都是围绕着"平均分和升学率"的指标来进行。受应试教育评价的导向,在市场经济大潮的冲击下,由于利益驱使,有些教师把"教书"与"育人"人为地割裂开来,片面认为教师的职责就是教书。一部分教师在教育实践中,只满足于课堂教学,只注重讲授专业知识,只顾完成教学任务;缺乏与学生之间的交流和沟通,不能及时掌握学生的思想动态,不能认真研究学生思想道德状况,不能主动做学生的思想道德教育工作。

"教书育人"是一项极具专业性、探索性、创造性的事业,教师不仅要具有相应的专业知识和能力,而且还要具备高尚的师德素养和健全的个性心理素质。教好书是育人的必要条件,但是,在调研中,我们了解到,有些教师的教学不被学生欣赏,从学生那里得到的只是蔑视、非议,育人就成为一句空话;育人必须遵循教育规律,循循善诱,诲人不倦、因材施教,可是,在调研中,我们发现,有些教师不顾学生的特点,不考虑学生的需要,用简单粗暴的教育方法,结果引起学生的逆反心理并产生抵触情绪,达不到育人的目的。受访的校长反映,部分教师职业素养不高,缺乏教育学、心理学等方面的教育知识;专业能力不强,缺乏结构良好的学科知识和娴熟的教育教学技巧,缺乏相应的自然科学知识、人文社会科学知识和现代化信息技术知识。在调查中我们还发现,一些教师为了在应试教育中争得属于自己的"一片天地",采取"宠优""歧差"策略,偏爱尖子生,冷漠中下生,歧视后进生。个别教师对学生缺乏起码的爱心,采用讽刺、挖苦、心理施暴、体罚,甚至直接将违反校规的学生驱赶回家,剥夺了学生应有的受教育权。学生问卷调查表明,近35%的学生只是偶尔感受到老师的关心,3.09%的学生从来没有感受到老师的关心,有5.52%的学生认为老师根本不理解他们,更谈不上因材施教、教书育人,具体情况详见表3-45、表3-46。

表 3-45 "你能感受到你的老师对你的关心吗?"(中学生卷)

选项	小计	比例
经常	1223	61.92%
偶尔	691	34.99%
从来没有	61	3.09%
本题有效填写人次	1975	

表 3-46 "你认为你的老师理解你们吗?"(中学生卷)

选项	小计	比例
很理解	586	29.67%
比较理解	1280	64.81%
根本不理解	109	5.52%
本题有效填写人次	1975	

家校联系是教师了解学生的重要途径,主动与学生家长联系和沟通,及时反馈学生在校情况,积极宣传科学的教育思想和方法,增进家长对教育教学工作的理解和支持,有利于家校形成合力实现互动育人。从调查结果来看,基本上没有被家访的家庭近1成,而在有家访的家庭中,教师与之经常联系的家庭占 41.57%,偶尔联系的家庭占 48.39%。大部分教师是学生出了问题才会与家长取得联系,主要以电话的方式与家长沟通。可见,家长和教师联系还不够,家校难以形成合力实现互动育人,详情见表 3-47。

表 3-47 "教师曾以家访或电话方式和您聊过孩子在学校的学习或生活情况吗?"
(家长会除外)(家长卷)

选项	小计	比例
经常	890	41.57%
有时	1036	48.39%
几乎不	131	6.12%
从来不	84	3.92%
本题有效填写人次	2141	

当被问及"请您针对目前教师在师德方面存在的主要问题对教师职业道德建设提出宝贵意见或建议:"(教师卷)时,有些教师谈道:"目前存在的主要

问题是部分教师强调了教学工作,而轻视了教育工作。在教育过程中出现教师偏爱好学生,对不太听话或学习成绩比较差的学生,往往爱不起来。对表现不良、行为不端的学生缺乏深入了解,不能及时有效地进行心理疏导,采取简单粗暴的方法,导致学生产生‘逆反心理’,造成师生关系紧张;对学习困难的学生不注意因材施教,也不能耐心辅导。迫于质量评比的压力,教师急于求成,出现加重学生课业负担或变相体罚学生的现象"等等。

关于"你希望老师们在哪些方面能够做得更好?"的问题(中学生卷),许多学生希望:"老师能够多和学生沟通、交流""老师除了关心我们的学习之外,还能够多关心我们的个人烦恼""老师在思想方面要多加引导,在这个年龄我们在很多事情上处于一种迷茫的状态,不知道怎么去处理,需要老师的帮助""希望老师能够多了解同学的内心感受,多鼓励学生,少责骂学生"等等。

在被问及"您认为当前教师在师德方面主要存在哪些问题?"(家长卷)时,不少家长提出:"部分教师教育办法不当,对学生心里造成了伤害,以考试成绩为核心,忽视学生其他方面的教育""孩子首先是人,然后才是学生,所以老师首先应该教孩子做人之道,然后才是教孩子知识""希望老师们在关心学生成绩的同时,更要注重对孩子行为的引导和监督;也希望老师们爱护学生,培养他们身心两方面的健康;希望能杜绝拖课现象,把体育课还给学生"等等。

调查结果表明,教书育人的开展,要改变应试教育的一元化评价观,树立与时代相适应的多元化人才评价观,只要学生在德、智、体、美、劳任何一个方面有突出表现,都应得到教师的肯定和认可;教师要向"弱势群体"倾斜,正确对待处于学习困境中的学生,善于挖掘他们的"闪光点",努力营造民主、快乐、宽容、和谐的课堂氛围,让那些容易被"忽视"的学生,也能体会到集体的温暖和教师的喜爱,感受被关心的幸福和成功的喜悦;还要期待教师努力提升教书育人能力,具备高明的育人理念、高深的专业学识、高超的教育教学技能、高尚的师德师风。

3. 个别教师道德失范,师表形象弱化

为人师表、以身作则是从师立教的根本前提。一个优秀教师文明的言行举止、高尚的道德情操、严谨的治学态度、科学的创新精神、高度的事业心和责任感,本身就是一种无形的力量、无声的号令,对学生良好的思想品行的形成具有巨大的影响力和感染力,所谓"身正为范"就是这个道理。然而,调查结果显示,10.95％的教师认为学校师德建设存在的主要问题是部分教师表率作用欠缺。有些教师仪表不整,举止粗俗,个别教师甚至把一些个人成见、怨气带进课堂,在学生中散布对社会不满言论,对学生起不好的导向作用。35.65％和3.19％的学生表示老师偶尔有或经常有不按时上课或随意调课、旷课现象；29.11％和4.41％的学生表示老师上课偶尔有或经常有打手机、发短信、打手机游戏等行为；21.92％和2.38％的学生表示老师偶尔有或经常有讽刺、挖苦、辱骂学生，体罚或变相体罚学生的现象；19.85％的学生表示极少数教师参与赌博、酗酒活动，荒废了"教业"。在教书育人的神圣殿堂还出现以教谋私、不廉不洁的现象，3.48％和1.14％的教师表示有教师利用工作之便谋取私利，经常或偶尔向学生家长索要财物或托办私事；8.56％和2.05％的教师表示有教师指定学生购买对学习意义不大的报刊、音像资料、教辅用书和用具、试卷或其他用品；在访谈中有1成的教师认为目前还存在"有偿家教"现象，有近3成的学生表示自己曾请过家教，有的还是因为教师点名或暗示去的。我们在访谈和座谈中也感觉到，一些教师具有注重经济实力和人际关系，而轻视道德价值的倾向，具体见表3-48～表3-54。

表3-48 "您认为学校师德建设中存在的主要问题是："（教师卷）

选项	小计	比例
育人意识淡漠	339	8.80％
爱岗敬业精神不强	844	21.91％
自身表率作用欠缺	422	10.95％
合作精神、创新精神不强	1828	47.44％
其他	420	10.90％
本题有效填写人次	3853	

表3-49 "你的老师有没有不按时上课、拖课或随意调课、旷课现象？"（中学生卷）

选项	小计	比例
没有	1208	61.16％
偶尔有	704	35.65％
经常有	63	3.19％
本题有效填写人次	1975	

表3-50 "你的老师是否有上课打手机、发短信、打手机游戏等行为？"（中学生卷）

选项	小计	比例
经常有	87	4.41％
偶尔有	575	29.11％
没有	1313	66.48％
本题有效填写人次	1975	

表 3-51 "你的老师有没有讽刺、挖苦、辱骂学生,体罚或变相体罚学生的现象?"(中学生)

选项	小计	比例
没有	1495	75.70%
偶尔有	433	21.92%
经常有	47	2.38%
本题有效填写人次	1975	

表 3-52 "您的学校是否有教师利用工作之便向学生家长索要财物、托办私事?"(教师卷)

选项	小计	比例
经常有	44	1.14%
有时有	134	3.48%
很少	996	25.85%
从来不会	2679	69.53%
本题有效填写人次	3853	

表 3-53 "您的学校是否有教师指定学生购买对学习意义不大的报刊、音像资料、教辅用书和用具、试卷或其他用品?"(教师卷)

选项	小计	比例
没有	2907	75.45%
偶尔有	330	8.56%
经常有	79	2.05%
说不清	537	13.94%
本题有效填写人次	3853	

表 3-54 "您的学校是否有教师参与赌博、酗酒活动?"(教师卷)

选项	小计	比例
有,部分教师	101	2.63%
有,极少部分教师	765	19.85%
没有	2987	77.52%
本题有效填写人次	3853	

关于"你希望老师们在哪些方面能够做得更好?"(中学生卷)的问题,许多

学生希望:"老师言行起表率作用,不挖苦、讽刺学生""老师要以身作则,行为举止要文明,上课不玩手机,不抽烟""老师能够多了解同学的内心感受,多鼓励、少责骂学生"。

当被问及"您认为当前教师在师德方面主要存在哪些问题?"(家长卷)时,不少家长反映:"有些教师搞有偿家教""有些教师语言不规范,举止不文明""希望个别老师在道德方面有所提高,做学生的表率,做学生的良师益友"。

调查结果表明,虽然职业行为失范只是教师队伍中的少数,但却严重危害学生的身心健康,严重影响教师这个职业在大众心中的应有形象。教师应该加强自身修养,规范自己的言行举止,在各方面率先垂范,用自己的思想、品德、言行、仪表为学生做出榜样和表率。

4. 部分教师协作意识和创新精神不够

课改的基本趋势和发展理念,蕴涵着对教师协作意识和创新精神的要求。但是,调查结果显示,47.44%的教师认为学校师德建设中存在的主要问题是合作精神、创新精神不强,详细情况见表3-55。

表3-55 "您认为学校师德建设中存在的主要问题是:"(教师卷)

选项	小计	比例
育人意识淡漠	339	8.80%
爱岗敬业精神不强	844	21.91%
自身表率作用欠缺	422	10.95%
合作精神、创新精神不强	1828	47.44%
其他	420	10.90%
本题有效填写人次	3853	

(1)团结协作意识不够。教书育人是一项艰巨复杂的系统工程,教师之间团结协作是完成育人使命的必要条件。虽然教师的劳动常常以个体的形式出现,然而教师的劳动成果是教师同心协力、精诚合作的结果。教师间能否有效交往、是否有融洽关系一定程上影响着"教育合力"和教育成效能否最大化。同伴互助,相互协作、相互交流也有助于教师专业成长。与大家分享自己的教学困惑、教学经验和教学观点,不仅自身的素质得以提升,而且群策群力,凝聚更多人的智慧,促进更多人的成长。但是,调研中我们发现,由于"文人相轻"和"同行是冤家"等不良风气的影响,教师队伍合作交流、分享经验和资源、共同发展的意识较差。有的教师为了个人在竞争中处于优势,而损害其他教师

的人格和声誉,贬低他人的工作业绩;有的教师不支持或不配合其他教师的工作,存在诸如新老教师因观念差异而产生分歧、主科教师与副科教师为抢时间而争课时、班主任与课任老师互相埋怨等现象,教师间相互理解和支持不够。访谈中不少教师表示,教育教学遇到困难时,多数教师还是依据自己的经验摸索去解决,取得成绩也多半靠孤军奋战。有近 2 成的教师对于"在平等竞争方式下同事做出优异成绩",感到不以为然甚至有点嫉妒;有近 4 成的教师对于"利用不平等竞争条件获得成绩和荣誉的同事",感到无所谓,还有 1 成的教师感到羡慕。很多学生表示,教师间的相互交往并不是很积极、很充分,他们只强调做好自己承担的那一份工作,对自己的工作负责。调查结果显示,有13.81％和 1.19％的教师认为"大多数教师或全部教师不能公正地评价自己的同事";39.34％的学生认为教师间相互评价多为"一般性评价"。这表明教师的人际关系不是很乐观,合作精神需要加强,详细情况见表 3-56、表 3-57。

表 3-56　"如果学校评选优秀教师,您觉得教师们会在这一活动中对自己的同事公正评价吗?"(教师卷)

选项	小计	比例
都能	541	14.04％
大多数能	2734	70.96％
大多数不能	532	13.81％
都不能	46	1.19％
本题有效填写人次	3853	

表 3-57　"很多时候,当你的老师在学生面前评价别的老师时,评价一般是:"(学生卷)

选项	小计	比例
赞扬	1139	57.67％
一般性评价	777	39.34％
批评	33	1.67％
讽刺	17	0.86％
攻击	9	0.46％
本题有效填写人次	1975	

　　教师之间之所以不能很好合作,在座谈中很多教师坦言,主要是因为:"找不到被大家认同的处理这些关系的行为准则""教师间在晋升职称、工资以及

分配奖金和住房等方面发生了关系各自切身利益的冲突""教师本位主义倾向严重,遇事只从自己的工作或所领导的班级利益出发,不考虑全局""为了在工作竞争中争得较好名次,不互相支持与合作"等等。可见,在现代社会,高速运转的生活节奏和极其有限的社会资源使得教师职业面临着严峻挑战和巨大社会压力,教师间的竞争日趋激烈。在这种情况下,如果不加以引导,就会出现诸如人情冷漠,关系紧张,知识私有,甚至勾心斗角,互相拆台等现象。而这些不正当的竞争行为会削弱个人能力,消耗群体力量,制约学校发展。教师合作意识的增强、和谐关系的建立,还要期待社会和学校为教师创设公平合理的竞争环境,建立科学、可行的竞争机制;还有赖于有关方面引导教师处理好竞争和协作关系。

(2)教师队伍创新精神不够。教师从事的是创造性工作,应勤于学习,不断进取,勇于创新。特别需要指出的是,当前新课程改革已步入深水区,教师的教学方式、课堂教学流程和学生学习的方式都发生近乎颠覆性的变化,教师旧有的教育观念、方法、工具受到了强烈的冲击。教师要勇于投身教育改革创新实践,针对教育教学工作中的现实需要与问题,进行探索和研究,更新教育观念,改革教学内容,创新教育方法和手段。然而,在访谈中有些学生反映:"部分教师教学方法单调,照本宣科,泛泛而谈,课堂沉闷,没有开拓和创新意识"。在调研中我们发现,"经验型""辛苦型"的教师不少,而"创造型"的教师不多,很多教师惯用主观经验解决碰到的问题。部分教师缺少学习的主动性和自觉性,学习方式狭窄,学习内容狭隘,学习方法不科学,学习功利性太强。在座谈中很多教师坦言:"在教育内外部竞争日益加剧的现实中,我们要面对来自学生、家长以及社会等各方面的巨大压力,随着学校班级学生人数的不断膨胀,过多的授课量和考试增添了教师工作的负荷。繁重的教学任务和沉重的责任、压力,让我们一线教师的共同感觉就是'身心疲惫',没有时间和精力进行探索和创新""教学过程和内容的单一重复,使教师工作缺乏新意并逐渐钝化了教师的研究意识和创造精神。"调查结果表明,教师学习创新意识的提升,还要依靠教育行政管理者制定政策引导教师专注于教育教学的探索与研究;还有赖于有关部门创造条件帮助教师踊跃投身教育教学的创新实践。

5.有些教师存在职业倦怠问题

教育管理体制的变革和竞争机制的实施使教师这个职业不再是"铁饭碗",教师职业正经历着前所未有的挑战,很多教师不得不为自己的生存与发展而紧张和担忧。由于教师职业是需要个体身心有极大付出的行业,越来越多的教师承受着超负荷的心理压力,"高压"使相当数量的教师产生了职业倦怠。一些研究者认为,教师职业倦怠是教师不能顺利应对工作压力时所产生的情绪、态度和行为的衰竭状态。职业倦怠已成为一些教师存在的心理健康问题。教师的心理问题和教师行为表现密切相关,教师行为失范等师德问题背后隐藏着职业倦怠等心理健康问题。在个别访谈中,有的教师说到:"我们学校一些教师不愿意努力尝试新事物,不太负责任,经常迟到、早退、请假,我们的办公室没有笑声,同事之间比较冷漠""一些教师不关心学生,对待学生的态度很消极,不耐烦、急躁、易怒,与学生的关系也不和睦""一些教师出现厌教心理、厌生心理、离职心理,他们对工作不满,害怕工作,甚至不想工作""一些教师经常处于身心疲惫的亚健康状态,工作满意度低,得过且过,缺乏成就感,情绪低落,进取意识淡薄"。职业倦怠直接带来了教师心理健康、身体健康、人际关系、工作效率等方面的损失,使教师的教学水平得不到正常的发挥,对学生的健康发展造成了负面影响。同时,教师的这种不良心理还会渗透到自己的人际关系网络中,影响到教师与学生、家人、朋友、同事等的关系,而且还会进一步影响到整个学校的士气,削弱学校的整体实力。

当被问及"请您针对目前教师在师德方面存在的主要问题对教师职业道德建设提出宝贵意见或建议:"(教师卷)时,对于产生职业倦怠问题,有些教师谈到:"长期以来过分强调教师'身为人师'的角色,赋予教师职业太多的道德伦理色彩,教师真实的自我、多样化的个性受到压抑甚至无法显现与张扬。这种不真实的生活自然引发教师的心理冲突与厌倦感""教师主观上希望其职业具有较高的社会地位和经济待遇,但事实上教师在社会和经济方面的处境并不理想。这些都会在很大程度上降低教师职业积极性,弱化其职业的成就动机""家长期望值较高,单位对教学业务要求较高,班级人数太多费较多精力,教师的经济收入较低,家庭教育方法有问题,担心本班升学各项指标,职称评定方面的难度,上级行政管理部门过多的检查、评比、会议等等是导致教师职业倦怠的压力源"。关于解决职业倦怠问题的建议,有些教师谈到:"追求奉献与索取的平衡和统一已成为现阶段教师主要的职业价值取向。政府要尽可能提高教师的工资待遇;学校要建立科学、公正的教学质量评价体系,从定性到定量对教师进行全面考核,严格奖惩兑现,改善他们的工作条件和住房条件;政府也要采取切实措施,逐步缩小教师职业与其他行业及行业内教师之间在待遇上的差距,逐渐解除教师们因贡献与待遇不匹配造成的心理失衡状态""教师个人对自身的职业要正确定位,积极评价,实现快乐从教;应以高涨的热情投入工作并善于发现工作的价值和快乐;以进取态度不断学习,努力提高教育教学能力和耐压能力,才能使教师从职业倦怠的困境中走出来,并充满激情地投身于教育事业"。

上述反映的师德问题虽然不是我省中小学教师师德的主流,但却破坏教师队伍的整体形象,影响学校乃至整个教育界的社会声誉、教学秩序以及公平公正的教育环境和学生身心的健康成长。对此,我们应该给予高度重视,深入分析问题背后的原因,探索解决问题的思路和办法。

(三)师德存在问题的原因分析

上述反映的师德问题与一些教师对师德修养认识不足,不重视自身师德水平提高有关。有些教师认为只要掌握了专业知识和教育教学技能,就能够做一名合格的人民教师,在实际工作生活中不重视也很少去思考自身的师德修养,导致自身师德意识淡薄,在多元化的思想观念冲击下,放弃了教师应有的理想追求,暴露出师德修养不足的弱点。当然部分教师师德修养不力背后有其深层的客观原因。

1. 市场经济大背景下中西文化碰撞对教师思想观念的挑战冲击

市场经济条件下利益关系和分配方式的变化,经济全球化影响下世界范围内各种思想文化的相互激荡,使中小学师德建设面临新的严峻的挑战。市场经济重视实际、讲求实效、追求实利的原则,使部分教师职业动机趋向功利化,理想目标趋向实际化,价值理念趋向实惠化,从而改变了过去那种以追求精神价值为主的价值取向,这在一定程度上降低广大教师对传统师德诸如奉献和牺牲精神的认同度。多年来形成的教师崇尚无私奉献的精神受到很大的冲击,"教师是太阳底下最光辉的职业""教师是人类灵魂的工程师"等曾经激励过许多优秀人才投身教育事业的口号,其感召力在现如今已大大降低。与其他高收入行业相比,教师的经济收入相对下降,从而带来了社会地位的相对降低。在市场经济利益原则的影响下,产生了对教师工作的消极性的体验,进而影响到教师职业道德境界的提升。

经济全球化的背景下,中西方思想文化的碰撞、价值观与道德观的冲突时时处处影响着教师的道德观念,在多元化的思想观念特别是多样化的价值取向面前,如何正确处理个人利益、学校利益和社会利益,往往让教师感到从未有过的冲击、矛盾、困惑和迷茫。西方社会的个人主义、拜金主义、享乐主义思想影响了教师的职业理想;急功近利、追名逐利的风气,污染着学校环境,引诱着教师。有的教师无视教师职业的神圣崇高,把教育商品化,一切向"钱"看;有的教师把市场经济的等价交换原则不适当地运用到教育教学工作中,诱导"钱多多干,钱少少干,没钱不干"的单纯雇佣思想,甚至为了满足个人私欲而重利轻义、见利忘义。在多样化的价值取向面前,少数教师迷失了自身应有的追求方向。

2. 社会对教师的期望和教师的实际地位之间的矛盾困扰着教师

在知识经济时代,知识更新的速度越来越快,对教师的职业要求也越来越高。要求教师转变观念,成为学生发展的促进者,学习动机的激发者,学习资源的开发者,学习活动的组织者,以及课堂气氛的营造者。而且,随着社会的发展、生活节奏的加快,家庭、社会的教育功能逐步弱化,社会赋予教师的责任更多,对教师的期望值更大。而这些较高的角色要求和角色期待给教师带来了巨大的工作压力。如:来自社会、学校和家长的升学压力、应试压力;来自学生的教育压力、认同压力;来自同行的竞争压力;来自自身的发展压力、生活压力,等等。如此重压使教师感到这种角色期待与自身具有的教育能力和教学水平之间的矛盾日益突出。面对要求越来越高的教师工作、越来越不好管教的学生和越来越难驾驭的课堂,很多教师感到任务繁重,工作压力大,有强烈的危机感,出现职业倦怠,他们精神疲惫,力不从心,产生困惑、焦虑的情绪,甚至萌生退意,希望调换工作。与此同时,社会对学校和教师工作的支持体系还不够健全,教师的权益没能得到有效保障,给教师教育教学工作造成困扰。特别是长期以来,教师的物质待遇不高,社会地位较低,许多老师感到自己的付出与收入水平不成比例,在与同行、同学或其他社会群体进行比较过程中,容易引起心态失衡,对自身职业价值产生怀疑。为了获取高回报,有的教师开办辅导班、在外做兼职等,不安心学校的教育教学工作,在利益面前显出其道德修养的弱点。职业倦怠、心态失衡等教师心理问题,已成为当前师德问题产生的重要原因之一。

3. 不完善的管理评价机制导致教师心理和情感上的逆反和排斥

《中华人民共和国教师法》对教师概念的界定是:"教师是履行教育教学职责的专业人员,承担教书育人,培养社会主义事业建设者和接班人,提高民族素质的使命。"教师职业的神圣性和角色价值决定了国家和社会对教师职业道德的高要求,教师在道德方面应当而且必须成为社会的楷模。但是我们也应该看到,教师工作还是一个平凡的工作,教师是人也要生存,而且在物质和精神上应生活得体面,不能因为教师职业的特殊、重要而无视教师作为一个"人"的基本需求。况且,教师是学校教育的最大资源和财富,教育行政部门和学校要以人为本,树立"尊重教师、依靠教师、服务教师"的理念,把师德建设与教师个人发展结合起来、与解决教育、教学和教师的实际问题结合起来,采取以保护、调动教师积极性为主的"人性化"管理,才能不断增强教师的职业光荣感、历史使命感和社会责任感,树立崇高的职业理想,培养高尚的师德情操;才能激发教师爱岗敬业、教书育人的工作热情,振奋起教师改革创新、开拓进取的奋斗精神。然而,一些地方教育行政管理部门和学校,还是以刚性管理为主,更多的是立足于社会要求和教师职业的崇高性对教师加以规范,对一线教师生存和发展的实际需要考虑不够。一讲到师德,往往就和"不记名利""无私奉献""乐于清贫"等联系起来,将自我牺牲、自我奉献作为一个好教师的道德评判标准。这样,教师丰富的道德生活被窄化为一种无我的纯粹奉献。这实际上意味着,做一个道德高尚、敬业爱岗的教师必须牺牲自己,成全别人。这种理想化、悲情化的教师形象,给教师套上了沉重的道德枷锁,使教师失去了应该拥有的自由和追求。这种缺少对教师真切的关怀、理解和尊重的管理机制在教师心理和情感上所造成的逆反和排斥,直接影响师德建设。

尽管新一轮课程改革致力于全面推进素质教育、消除片面追求升学率的恶性竞争,但"追求升学率"的理念在学生、家长和社会中根深蒂固,对中小学办学方向产生消极影响。地方政府、社会对学校的考核只看学校升学率;学校对教师的考核只看学生的学业成绩和教师的教学业务水平。为了提高学校"升学率",一些学校过于注重学生的学业成绩和教师的教学业务水平,过分地强调升学率、优秀率、合格率及教师获奖成果、发表论文的数量,将这些量化为硬指标;而将个体的道德品质、敬业精神、团队意识、育人状况视作软任务,没有切实可行的量化指标和操作程序,在具体执行过程中常常被忽略。即使是考核方案中有也是流于形式。具体评价存在不规范、不科学、不公平现象,对教师业务素质要求考核多,对思想道德素质要求考核少,随之带来对教学奖励、职称评定等方面的影响,造成教师重业务、重能力、轻师德,只关注师能、师智方面的专业发展,不重视职业道德的提升。

4. 学校师德教育针对性不强、实效性不佳

随着社会发展,社会各领域都在不断的变革。目前,教育处于激烈的转型期,原有的师德所依存的社会基础正在发生深刻的变化,以往的师德教育模式已很难适应当前教育改革、社会发展的需要,师德教育针对性不强、实效性不佳已是一个不争的事实。

传统师德教育目标设定过于理想化,只体现教育发展、社会发展对教师的期望,不遵守教师成长的阶段性要求,不符合教师的发展需要;师德教育目标设定得太理想、太高远,使教师产生高不可攀的排斥心理,放弃对目标的追求;师德教育目标设定太空泛,在现实中教师难以抓住目标的要领赋予行动,无法

切身体会到师德教育有利于促进教师自身素质的提升,导致教师对师德教育失去兴趣,师德教育因此成为外化于教师的虚化活动。

传统师德教育内容过于原则性,仅停留在道德观理想层面,没有渗透到教师的教研活动里、体现在教师的课堂行为上、浸润到师生的沟通间、彰显在教师与家长的互动中,无法体现师德规范作为一种维持和谐的教育秩序以及处理教育活动各种复杂人际关系的道德功能;没有把师德的主要内容具体化、规范化,使之成为全体教师普遍认同的行为准则,不够具体的师德教育内容,不利于操作,难以落到实处,缺少实际的引导作用;传统师德教育内容更多的是中小学教师对于社会、国家、职业、学生所应具有的师德原则、规范和范畴,而很少去关注教师个体内心世界可能产生的冲突、失衡。这种既缺乏实践指导意义又缺少对教师真切的关怀、理解的师德教育,其实效性是难以提高的。

传统师德教育方式方法缺乏主体性,传统师德教育主要采取集中学习、专家讲座等方式,对师德知识与规范进行硬性灌输和空洞说教。这种集中、统一的教育形式,容易忽视教师的主体地位和处于职业生涯发展不同阶段教师的年龄及个性差异,不能针对不同教师师德教育的不同需求和心理特点而确定不同的教育方法和策略。这种“一锅煮”的方式,使教师成为师德建设的客体,而非自身道德成长的主体,缺乏教师自主参与、情感体验和内心感悟的师德教育一定是低效的。

三、加强福建省中小学教师职业道德建设的对策思考

面对新形势对中小学教师职业道德建设提出的要求,面对中小学教师职业道德中存在的问题,我们在深入剖析问题产生原因的基础上,要努力探索新形势下师德建设的特点和规律,有针对性地在师德建设内容、形式、方法、手段、机制等方面不断加以改进和创新,特别要在增强师德建设的时代感、针对性、实效性上下功夫,切实把师德建设提高到一个新水平。

(一)坚持以师为本,彰显人性化的师德建设理念

历史唯物主义告诉我们,人们的道德行为,归根结底,是受一定的社会历史条件制约的。人们在选择自己的道德行为时,并没有绝对的自由。历史唯物主义又充分肯定人们在选择自身行为时的主观能动性。在同样的社会历史条件下,不同的人们仍然可以从不同的思想观念出发,对自己的行为做出不同的选择。这种相对自由,决定了人们对自己的道德行为必须要承担一定的责

任,人们在选择道德行为时必须要具有自觉性。

学校教育活动是一种具有高度自觉性的活动,教育工作的特点是教育主体和手段的合一性。教育对象的主体性、教育劳动关系的复杂性以及制度空间的弹性等等都要求教师有自觉和自律的德行。传统的师德教育价值观认为,师德教育的价值主要体现于调动教师的工作积极性,提高教师的思想道德素质,发挥其对学生的教育作用,使教育教学获得理想效果。在教育中一向重视师德教育的社会价值,重视教师人格力量的榜样作用,强调教师的自律,但忽视对从业教师自身的个体价值,把师德看作规范教师行为、保证教学效果的工具,没有把师德教育和教师作为专业人员的发展联系起来,很少考虑师德对教师自身发展的意义和作用,忽视教师的接受能力和心理需要,这种"人学空场"的师德教育是无效的。

正本清源,在师德建设中要坚持以师为本,彰显人性化的师德建设理念。师德教育的出发点不是禁锢人、束缚人,而是以教师为本,创造条件发展人。事实上,教育事业也应该是教师成就自我的事业。教师在燃烧自己,照亮别人的同时,其实也照亮了自己。教师在奉献中也成就了自我。这就是以师为本、人性化的师德建设观念。坚持以师为本,就是以教师的发展为本,把师德建设与教师自身发展成才结合起来,理解和尊重教师,注重对教师的培养使用,落实教师在学校各项工作中的主导地位,努力创造适合教师特点,有利于学习、工作和育才的环境,有效地激发教师敬业爱岗的热情,充分发挥教师巨大的潜能和创造性。

(二)充实师德教育内容,引导教师自觉进行道德修养

教育优先,教师是关键。提高师德建设的实效性,必须不断充实有时代特征的师德教育内容,引导广大教师自觉进行道德修养。

1. 正确的理想信念教育是师德教育的核心点

理想信念,是人们对未来的向往和追求,以及对一种理论的真实性和一种实践行为的正确性的确认,它一旦形成,就会成为支配和左右人们活动的持久的精神动机。帮助广大教师树立远大理想,坚定对马克思主义的信仰、对社会主义的信念,增强对改革开放和现代化建设的信念,是师德教育的核心。

2. 爱国主义、社会主义、集体主义教育,是师德教育的关键点

爱国主义是中华民族的优良传统,是推动我们祖国历史前进的强大精神力量。在爱国主义精神的感召下,中华民族自强不息,表现了强大的凝聚力和生命力。近现代以来，在革命和战争时期，爱国主义曾经激励过无数仁人志士和革命英烈，为了中华民族的独立而前仆后继、英勇奋斗；在和平建设时期，爱国主义仍然是动员和鼓舞全国各族人民团结奋斗，实现中华民族伟大复兴的精神旗帜，是中华民族凝聚力的最深厚的源泉，是时代的主旋律和最强音。广大教师必须继承和发扬中华民族爱国主义的优良传统，增强爱国的义务感、责任感和使命感，把爱国之情、报国之志，化为效国之行，做坚定的爱国者。进行爱国主义教育必须同社会主义和集体主义教育相联系。在当代中国，爱国主义与社会主义本质上是一致的。爱国主义为社会主义提供了广泛而浓厚的政治基础，社会主义又赋予爱国主义以崇高的理想和崭新的时代内容，使爱国主义得到最充分的体现。社会主义与集体主义在本质上也是一致的。集体主义是整个社会的价值导向和道德基本原则，它同社会主义的基本经济制度和基本政治制度相适应，贯穿于整个社会主义建设的历史时期。

3. 法制教育与道德教育同步并举，是师德教育的着力点

法制教育是传授法律知识和培养法律意识的实践活动，道德教育是通过传授道德知识和培养道德意识来提高人们的思想、修养和理想境界等实践行为。二者相辅相成，相得益彰，都是通过调整和规范人们行为的方式为社会提供保障。在师德教育实践中，要把法制教育与道德教育作为一项基础性工作常抓不懈，加强道德修养与外在约束同步并举，提高广大教师明辨是非的能力，唯此才能从制度上有效促进广大教师他律向自律转化。

4. 加强教师心理疏导，是师德教育的突破点

教师的工作是一个灵魂唤醒另一灵魂的工作。这一职业特性决定了教师心理素质的重要性。广大教师不仅要有扎实的知识功底、高超的教学艺术，更要以高尚的师德和良好的心理素质去感染和熏陶学生，而高尚的师德和良好的心理素质源于教师的心理健康。从教师个人层面上看，要引导广大教师建构作为教师所必需的信念体系和角色意识，正确评价自我，悦纳自我，增加职业自豪感，提高自我心理调适能力，以健康平和的心态对待教育工作。从学校管理层面上看，要积极创造条件，营造有利于教师身心愉悦的工作环境和发展空间，有计划有目的地开展教师心理健康知识培训，重视解决教师的职业倦怠问题，引导教师正确面对工作和生活压力，保持乐观向上的人生态度和愉悦的精神面貌。探索建立"心理咨询服务直通车"，关注教师的心理健康异常，及时开展有效的心理疏导和咨询服务。从社会层面上看，要科学合理评价教师职业，明确教师的权利和义务，对教师的角色定位要理性合理。培养广大教师良好的心理状态,是师德教育需要研究和解决的新课题,需要教师自己、学校和社会的共同关注。新时期要以心理健康教育为突破点,提高师德教育的针对性。

(三)树立典型,以点带面,全面推进师德师风建设

时代需要航标,社会需要榜样,思想需要先导。运用榜样的力量,培养人们的价值取向和行为准则,是古今中外的普遍做法。在师德建设调查中,我们普遍发现各级各类相关部门在树立示范典型,抓好宣传落实,实施塑造教师形象模范工程等方面都颇有建树。但同时我们也发现一个普遍存在的问题,即近几年来虽然先进典型教育一直发挥着积极显著的作用,却遭遇瓶颈,教育效果出现了明显弱化。先进典型教育作为师德教育的重要方法,其感染教育作用不容小觑,应该被继承和发展,在新时代、新环境中继续发挥作用。笔者认为,受众价值观趋于多元化、先进典型选取不尽合理、利益原则被忽视、先进典型宣传存在误区等因素是造成先进典型教育效果弱化的主要原因。

虽然先进典型影响作用弱化是一种客观事实,但这并不意味着典型示范的方法过时了,反思造成先进典型教育效果弱化的主要原因,我们认为,新时期要有效发挥先进典型教育的影响作用,全面推进师德师风建设,需要特别注意以下几点:

1. 注重师德先进典型的可亲性。可亲性是指师德宣传先进典型的事迹要亲切感人。人们之所以广泛认同师德先进典型的事迹和精神品质并在实践中效仿之就在于其具有可亲性。可亲性是开展师德先进典型教育的首要环节。其一,可亲性要体现于师德先进典型形象的人性化。要借助先进典型的感染力发挥作用,既要突出先进典型精神追求的高尚性,又不能片面夸大先进典型的精神需要。其次,师德先进典型的可亲性要体现于师德先进典型选择的平民化。要善于从普通教师中发现典型、树立典型,让人们从广大普通教师的平凡行动中真切感受到师德先进典型不平凡的精神境界。

2. 注重师德先进典型的可敬性。可敬性是指师德先进典型的事迹要过硬动人。可敬性是师德先进典型值得人们学习仿效的基本前提,是师德先进典型最本质的特征。师德先进典型要具备超越于普通教师的思想境界和道德情操,才能让人感受到无穷的人格魅力,让人产生敬仰心理,进而激励教师优化自我。相反,如果先进典型的事迹平平淡淡,习以为常,那么宣传教育效果就会大打折扣。师德先进典型的可敬性首先体现于师德先进典型人格的崇高性。崇高性是可敬性融入师德先进典型的灵魂并表现为思想上的高度自觉,

是可敬性在师德先进典型精神领域的升华。师德先进典型具有的令人仰慕的崇高道德,足以撼人心魄、净化心灵,激励广大教师不断地向着榜样的目标迈进。其次,师德先进典型的可敬性体现于师德先进典型道德的理想性。理想性代表着人类道德上的应然,总是代表着人们的一种憧憬和向往。师德先进典型所代表的道德价值从教育远景上回答了一个做什么样教师的问题,提供了一个道德追求的最高典范。当然,师德先进典型的理想性并非是高不可攀的,相对于一般教师而言,既是争取实现而尚未实现的,也是理应实现而且可以实现的。再次,师德先进典型的可敬性还体现于师德先进典型思想的时代性。师德先进典型是时代的产物,必须带着鲜明的时代烙印。最美乡村教师的先进事迹就充分体现了这一点,他们身上所体现出来的无私奉献、甘为人梯的精神品格是时代的最强音。

3. 注重师德先进典型的可信性。可信性是指师德先进典型的事迹要真实可信,经得起社会的检验。可信性是师德先进典型的生命,是师德先进典型可亲性的基础和可学性的根本前提。同时,实现先进典型的可信性要坚持师德先进典型宣传的客观性。宣传师德先进典型要实事求是、主题深刻。既不抽象推论,也不凭空拔高,要按照典型的本来面目塑造典型形象,从具体情景中准确把握典型事迹,用先进典型真实丰满的形象来提高榜样的亲和力,增强接受性。

4. 注重师德先进典型的可学性。师德先进典型要值得学习,易于借鉴。可学性是师德先进典型教育的出发点和落脚点。首先要注意先进典型选择的层次性。随着经济全球化以及我国经济体制变革、社会结构变动、利益格局调整和思想观念变化,我国社会思想活动的独立性、选择性、多样性、差异性明显增强,在价值观念和价值取向上日益呈现出多样化趋势,客观上就需要树立多层次的师德先进典型。其次要注意先进典型宣传教育的针对性和循序性。广大教师所处的环境和客观存在的思想基础的差异性决定了先进典型教育是富有针对性的个性化教育。宣传工作要循序渐进、逐步推进,不能急功近利。可以通过举行师德先进典型事迹报告会、组织观看师德先进典型录像资料等形式的活动,给广大教师构建一个多层次、全方位的立体宣传网,引导广大教师进行自我教育和自我反思。

榜样的力量是无穷的,可亲、可敬、可信和可学的榜样更有力量。在师德师风建设中,要注意归纳和提炼可亲、可敬、可信和可学的先进典型材料,营造尊重先进、学习先进、争当先进的校园氛围,并注意以典型带群体,以群体育典型,形成良性互动的局面,形成整个教师队伍昂扬向上的精神风貌。

(四)完善师德建设的制度体系,把师德建设纳入法制化轨道

虽然近年来各级教育主管部门都非常重视师德制度建设,制定和出台了各种师德制度,师德制度建设正逐步走向制度化、规范化。但在师德建设调查中我们发现,师德建设中的制度缺失仍是一个客观事实。其首先表现为形式上的制度缺失,即在师德建设中的某些方面上的制度还不健全和完善,容易造成教师思想和行为上的混乱,也往往会形成师德建设的真空地带。其次,表现为实质上的制度缺失,即虽然有了相关的制度,但由于诸多原因,制度并没有发挥实质性的作用。

有学者指出:"道德需要制度的伦理关怀。通过制度的合理安排使各种复杂的社会利益关系得到正当解决,这是社会道德建设的基础……如果没有制度调节来奠定和保持社会公平、正义的伦理基础,那么道德自律在利益冲突面前是很难维持和巩固的。"在师德师风建设过程中,教师个人的人格修养和道德自律固然需要主要强调,但市场经济条件下的师德建设需要实现伦理的制度化,需要用制度的权威性、强制性、可操作性等特性来弥补个体道德的不足,需要与科学的法制化管理相结合,需要一套行之有效的机制做保证。其关键点是调整各方面的条件和因素,以达到和谐的状态,最大限度地激发广大教师的主动性和创造精神。

1. 完善激励机制

人是有需要的,人们的一切活动都是为了满足自己的某种需要,需要是人们行为的出发点,只有需要得到满足,才能激发人们的动机和行为,提高人们的积极性。实施有效的激励,是构建和谐的教育"软环境"的重要管理方法和途径。可以通过设立"师德高尚奖"或"师德标兵奖"等奖项,表彰师德先进个人、师德标兵、师德建设先进单位,对教书育人成绩突出者予以表彰和奖励,并在教师年度考核、职务晋升、岗位聘任等方面给予优先考虑。

2. 完善考核机制

师德考核是一项技术性的难题。谁来考核,考核什么,依据什么来考核,考核结果如何运用等等,这些问题都需要审慎设计。第一,要尊重师德考核主体的主体性。第二,考核内容结构要按照教师与教育事业、教师与教师、教师与家长、教师与学生的关系进行重新设计,并体现层次性。要将师德建设纳入为对教师进行全面考核的主要内容,重点考核教师在思想道德、教学态度、育人成果等方面的表现。第三,要多种考核方法取长补短综合运用。要研究制

定科学合理的教师评价方法和指标体系,要把师德表现作为教师资格定期注册、业绩考核、职称评审、岗位聘用、评优奖励的首要内容,作为学校精神文明建设及教育教学工作考核的主要依据。要将师德建设作为衡量学校办学质量和水平的重要指标,构建有效的师德建设工作评估体系。第四,明晰考核结果运用不仅是奖惩,更是发展激励,体现考核的正确导向,为师德建设提供制度保障。

3. 完善监控机制

制定规范的教学管理制度,对教师实行师德表现一票否决制,对违反师德师风的教师要进行必要的批评和相应的处罚。例如可视具体情况分别给予批评教育、调整工作、行政处分或解聘辞聘等。对违反师德规范且情节较为严重的教师,3～4年内不得晋升职务,不得参加一切评先评优活动;对有严重失德行为、影响恶劣者一律予以解聘。另外,可实行师德重大问题报告制度。各区、县、市要畅通信息渠道,对发生重大师德问题,特别是引起群众和媒体广泛关注的问题,要认真调查,妥善处理,并及时向上一级教育主管部门报告。

4. 完善抑恶扬善机制

教师的道德状况体现于教师的具体行为中。我们既要及时褒扬教师职业活动的良好行为,也要及时有效监督违反教师职业道德的行为。否则,违规者会越来越放肆,也会引起其他师德自律意识不强者起而仿效,以致恶性循环,污染社会风气。因此,弘扬正气,宣传教师先进事迹,形成尊师重德的社会舆论,谴责教师中不良的道德行为,完善抑恶扬善机制,创造良好的职业道德环境,对形成师德风范与文化氛围,提升教师职业道德建设实效性至关重要。

(五)整合师德建设载体,提高师德建设的实效性

师德建设要通过一定的载体来实现,没有一定的载体,活动难以开展,教育也无从谈起。师德建设载体是指在师德建设过程中能承载师德教育信息,为师德教育主体所操作并使主客体发生作用关系的一种物质存在方式及其外在表现形态。当前我们需要整合现有的师德建设载体资源,以适应师德建设的目的和要求。

1. 整合师德建设载体的基本原则

(1)显性与隐性相结合。师德建设载体分为有形与无形两种存在形式。正本清源需要以显性师德建设载体为主,润物无声有待于隐性师德建设载体,理想的师德建设效果有赖于两者的综合运用,形成建设的合力,使得有形载体

与无形载体优势互补,各自发挥应有的教育作用。

(2)共性与个性相结合。师德教育的对象在思想道德、教学态度、专业能力等方面的个体性差异,是客观存在的。在系统构建师德建设载体过程中,要坚持共性与个性相结合的原则。既要采取共性的方式方法,使绝大多数教师能够接受并理解师德建设的内容,又要采取个性的建设形式和手段,体现建设载体的针对性。

(3)相对稳定性与动态性相结合。在长期的师德载体建设中,我们已经积累了丰富的实践经验,发挥着重要的作用,因此要保证传统师德建设载体的相对稳定。与此同时,也应加强师德建设载体的创新,重视师德建设载体的效果,提高师德载体建设的实效性。

2. 师德建设载体整合的着力点

(1)活动育人载体。师德建设的活动载体是指通过开展丰富的活动方式对教师进行师德教育,在活动中使广大教师在潜移默化地接受师德教育内容,提升自我判断与鉴别能力,使自己的道德品质朝着社会要求的方向发展,实现教育与修养的统一。在活动育人载体建设中,要注意加强指导,把各项活动组织好,使之正常有序、生动活泼地进行。例如,可以开展师德主题教育活动。每年9月份为全省"师德师风教育月"。各地和各校结合本校实际,适应教师的思想、性格、兴趣爱好以及思维方式的特点确定主题,制定实施方案,以丰富多彩的活动为载体,组织教师学习、实践和反思;注重师德修养的行为训练、心灵感悟和实践体验,使师德教育具体化、形象化。同时要把教书育人楷模、一线优秀教师请进课堂,用身边优秀教师的感人事迹诠释师德内涵,增强师德教育的时代感。

(2)网络建设载体。网络建设载体是指通过互联网传播师德建设内容,开展师德建设。要加强开发网络师德建设资源的力度,拓宽建设途径,创新师德建设平台;要充分发挥网站、论坛、博客、微博、QQ群等新兴媒体的作用,广泛宣传教师的地位和作用,大力宣传新时期人民教师关爱学生、严谨笃学、淡泊名利、志存高远的良好形象,提高人民群众对教师的认同感和美誉度;要创新师德建设手段,利用网络图文音像并茂、传播速度快、范围广等特点,及时捕捉教师的思想动态,引导其树立正确的教育观。例如可依托师德师风网站(http://www.fjedu.gov.cn/sdsf),提供师德师风学习资料,服务师德常规教育。

(3)文化育人载体。文化育人载体是指以校园文化为师德建设的载体,将师德建设内容寓于其中,对受教育者进行德育熏陶,达到德育教育目的。从形态上看,校园文化表现为物质文化和精神文化。物质文化是学校内看得见、摸得着的物化的文化形态,是学校文化的外壳,体现着一定的价值目标、审美意向等,是富有内涵的人文环境,具有教育功能、示范功能、凝聚功能、创造功能、熏陶功能等。精神文化是学校长期形成的特定的精神环境和文化氛围,主要指学校内师生认可的行为方式、价值观念、群体目标、治学态度,以及种种思想意识,精神文化表现为学校人际关系、学校风气、学校传统及学校成员的道德情操、思维方式等,属于观念形态的学校文化,是校园文化的核心与灵魂。精神文化往往已经浸透和附着在学校内各种文化载体及其行为主体上,因此具有独特的感染力、凝聚力和震撼力。教师优秀道德品质的形成和发展离不开学校物质文化和精神文化的影响。学校应建立各项措施,规范师德建设的环境,加强师德建设的经费、人力、物力的投入和制度的保障,为教师道德的健康成长营造良好的文化环境。

课题项目负责人:余建辉

主要参加人:陈丽英　郑　凤　张志刚

　　　　　　陈秀鸿　许世清　左小文

　　　　　　陈志华　吴鸣鸿　冯　锦

执笔:郑　凤　陈秀鸿

第四部分

福建省县级教师进修学校建设研究报告

教师是教育事业发展的基础,有好的教师,才有好的教育。《国家中长期教育改革和发展规划纲要(2010—2020)》把加强教师队伍建设放在教育发展保障措施的首位,提出要完善培养培训体系,提升教师素质,努力造就一支师德高尚、业务精湛、结构合理、充满活力的高素质专业化队伍。《国务院关于加强教师队伍建设的意见》提出,建立教师学习培训制度,大力提高教师专业化水平。县级教师进修学校作为中小学教师培养培训的基础机构,承载着最大量、最直接的教师培训任务。县级教师进修学校的建设,直接关系中小学教师素质的提升,关系基础教育的教学质量。

福建省有中小学 7700 多所,中小学教师 30.5 万多人。全省中小学教师的继续教育都送到师范院校培训不可能也不现实,由教育行政部门进行非专业管理有一定困难,全部由学校自行组织校本培训也有一定局限,因此,加强县级教师进修学校建设,充分发挥其在中小学教师继续教育中的作用显得尤为重要。

当前,基础教育改革发展的新课题、教师专业化发展的新要求、教育信息化的新平台,都给县级教师进修学校建设带来新的机遇、新的挑战。本课题在对福建省县级教师进修学校建设现状及存在问题进行分析的基础上,提出对策措施。

一、福建省县级教师进修学校发展现状

县级教师进修学校作为我国教师教育体系中的重要组成部分,它的办学历史最早可追溯到新中国建立初期。二十世纪五十年代,福建省创办了 50 所县级教师进修学校,这些学校一般规模不大,师资水平也不高,内部设施不健全,但适应了当时小学教师专业水平提升和学历提高培训的需要,为建国初期的基础教育事业做出了积极贡献。七、八十年代,中小学校数量急剧扩张,教师队伍迅速扩大,教师学历水平大面积不达标,1990 年福建省小学、初中、高中教师达标率分别为 72.15%、76.87%、58.97%。为适应师资水平提升的需要,各个县区相继都办起了教师进修学校。这一时期县级教师进修学校的主要任务是对广大小学教师进行学历补偿教育。九十年代后期,中小学教师学历基本达标,至 2000 年,全省小学、初中、高中教师学历达标率分别为93.06%、94.74%、64.14%。由此县级教师进修学校工作逐步转到开展中小学教师提高培训上。由于县级教师进修学校的功能作用发生了变化,它所承担的任务由"硬任务"转向"软任务",在这一过程中,县级教师进修学校曾一度

被边缘化,许多进修学校工作萎缩,功能削弱,发展困难。

进入新世纪,为适应推进中小学课程改革和全面实施素质教育的需要,国家出台一系列政策措施加强县级教师进修学校建设。2002 年,教育部出台《关于加强县级教师培训机构建设的指导意见》;2005 年,教育部下发通知,开展示范性县级教师培训机构评估认定工作,2005—2007 年间,在全国范围内组织评估认定 150 所示范性县级教师培训机构;2009 年,《国家中长期教育改革和发展规划纲要(2010—2020 年)》提出"完善培养培训体系,做好培养培训规划,优化队伍结构,提高教师专业水平和教学能力";2011 年 1 月,教育部发出《关于大力加强中小学教师培训工作的意见》,提出"充分发挥区县教师培训机构的服务与支持作用";2011 年 11 月,教育部办公厅发出开展示范性县级教师培训机构评估认定工作的通知,2012—2015 年间,在全国范围内组织评估认定 200 所示范性县级教师培训机构。国家层面的政策措施对县级教师进修学校建设带来了生机。福建省认真贯彻国家有关工作部署,近几年从加强中小学教师队伍建设出发,采取一系列措施加强县级教师进修学校建设,县级教师进修学校发展迎来了新的春天。当前,福建省县级教师进修学校发展具有以下特点:

(一)地位作用逐步显现

在世纪之交,县级教师进修学校从以中小学教师学历补偿教育为主,转向以开展中小学教师继续教育为主。在这一转变过程中,曾经有不少地方产生了还要不要保留县级教师进修学校的动议,县级教师进修学校处于"维持"状态。2008 年,福建省人民政府从基础教育发展全局出发,作出加强中小学教师队伍建设的重要决策,专门发出《福建省人民政府关于进一步加强中小学教师队伍建设的意见》,强调在加强中小学教师队伍建设中,必须大力加强教师培训工作,加强县级教师进修学校建设。并提出"开展县级教师进修学校评估工作,'十一五'期间重点建设 20 所省级示范性县级教师进修学校,推动县级教师培训机构规范化建设"。省政府对教师培训工作、对教师培训机构的重视使得县级教师进修学校走出了"边缘化"的困境。2011 年颁发的省中长期教育改革和发展规划纲要明确要求,"加强教师培训机构建设,完善省、市、县三级培训网络"。省教育厅于 2009 年、2012 年先后两次组织开展省级示范性县级教师进修学校评估工作。省教育厅还把县级教师进修学校建设纳入义务教育均衡发展县区的督导评估体系。近几年来,县级教师进修学校建设得到加强,地位和作用逐步显现出来。

一是从"可有可无"到"不可或缺"。2008年之前的一段时间里,不少地方视教师进修学校为"可有可无"的单位。2008年省政府召开教师队伍建设工作会议,并发出《福建省人民政府关于进一步加强中小学教师队伍建设的意见》,福建省各级政府和教育行政部门从加强中小学教师队伍建设、提高基础教育教学质量、办人民满意的教育的高度,重视加强县级教师进修学校建设,把教师进修学校作为教育事业的重要组成部分。县级教师进修学校反映,现在县域教育发展规划中有进修学校内容,教育工作部署中有进修学校要求,学校建设中有进修学校项目,督导评估中有进修学校指标,评先评优中有进修学校名额,进修学校成为教育事业"不可或缺"的组成部分。

二是从"可用可不用"到"依靠使用"。县级教师进修学校曾经经历一段迷茫、彷徨,工作萎缩,对政府及教育行政部门来说成了"可用可不用"的单位。近几年来,通过加强县级教师进修学校建设,进修学校的功能作用大大加强,在基础教育改革发展规划制定、政策咨询、试点项目推进等方面,积极发挥教育行政部门的参谋助手作用;在教师培训、提升教师教育教学能力方面,积极发挥主阵地的作用;在教学研究、质量监测、提升基础教育质量等方面,积极发挥主力军的作用。政府及教育行政部门对县级教师进修学校的看法有了较大改变,越来越感到进修学校是教育行政部门抓教师队伍建设、抓基础教育教学的一支重要依靠力量。

三是从"可给可不给"到"倾斜留给"。近几年政府对进修学校工作的重视,促进了进修学校功能作用逐步增强,有为有位,进而又促进政府及教育行政部门进一步加强进修学校建设。许多县级教师进修学校反映,过去在办学经费、学校建设、职称评聘、评先评优等方面,县级教师进修学校是"可给可不给"的单位,现在政府和教育行政部门给了更多的关爱和扶持,做到"倾斜留给",对进修学校教职工鼓舞很大,感到在进修学校工作有干头、有奔头。

(二)办学条件明显改善

2008年《福建省政府关于进一步加强中小学教师队伍建设的意见》下发后,各地采取措施,大力加强进修学校建设,四年来,县级教师进修学校的办学条件有了明显改善。

一是校园占地明显扩大。县级教师进修学校一般占地面积都比较小,很多学校是"麻雀学校"。据2008年12月调查,全省84所县级教师进修学校总占地面积为557.13亩,平均每所占地6.63亩。四年来,各地认真贯彻落实全省教师队伍建设工作会议精神,在中小学布局调整中,采取校园资源置换的方式,以小换大、以近换远;采取腾笼换鸟的方式,将中小学布局调整后闲置的校舍用于改善进修学校办学条件;采取统筹规划、科学布点的方式,实现与相关教育单位资源共享共用,扩大有限办学空间。截止 2012 年 4 月统计,全省 84 所县级教师进修学校总占地面积为 890.96 亩,平均每所占地 10.6 亩,比 2008 年增加了 3.97 亩。其中占地 15 亩以上的有 9 所,占总数的 10.71%。10~15 亩的有 13 所,占 15.4%。

二是校舍面积有所增加。据 2008 年 12 月调查,84 所县级教师进修学校校舍建筑面积 293066 平方米;截止 2012 年 4 月,84 所县级教师进修学校校舍建筑面积 362195 平方米,比 2008 年增加 69129 平方米;平均每所校舍建筑面积 4311 平方米,比 2008 年增加 822 平方米。特别是前几年多媒体教室、计算机教室、综合实验室等专用教室不足的状况得到了改善,详见表 4-1。

表 4-1 福建省县级教师进修学校校舍及设施情况

年份	建筑面积（m²）	普通教室（间）	多媒体教室（间）	计算机教室（间）	心理实验室（间）	图书资料室（间）	电子阅览室（间）	多功能报告厅（间）
2008 年	293066	426	165	101	19	76	18	57
2012 年	362195	437	201	129	35	84	75	67

三是设施资源有所改善。县级教师进修学校普遍存在设施设备破旧,资源配置严重不足的状况。经过近几年的补充、改善,设施设备与资源状况有所改善,详见表 4-2。

表 4-2 福建省县级教师进修学校设施资源情况

年份	拥有计算机(台)	配备摄录播放设备(套)	为本地区网络体系服务(所)	图书阅览室总藏书(册)	音像资料总量(学时)	电子图书种数
2008 年	6407	85	61	1087711	46863	
2012 年	6266	98	65	1417936	135716	1359689

(三)队伍建设得到加强

县级教师进修学校教师队伍经过近几年的调整、补充,整体素质有较大提升。

一是专业教师年龄结构趋于合理。现有专任教师 2416 人,大部分是年富力强、工作经验丰富的教师。46～55 岁的有 1126 人,占 46.6%;36～45 岁902 人,占 37.34%;56 岁以上 212 人,占 8.77%;35 岁以下 176 人,占7.28%,具体情况详见表 4-3。

表 4-3　福建省县级教师进修学校专任教师年龄结构情况　　　　单位:人

教职工总数（含校级领导）	专任教师	行政后勤	专任教师						
			男	女	56 岁以上	46～55 岁	36～45 岁	35 岁以下
3068	2416	303	1314	1102	212	1126	902	176

二是职称、学历有所提高。现有专任教师的高级职称比例为 44.49%,较之 2008 年的 37.89% 提高了 6.61 个百分点;大学本科以上学历占 70.61%,较之 2008 年的 52.93% 提高了 17.68 个百分点,详见表 4-4、表 4-5。

表 4-4　福建省县级教师进修学校专任教师职称情况　　　　单位:人

年份	专任教师	高级职称	中级职称	初级职称	无职称
2008 年	2475	957	1334	216	19
2012 年	2416	1075	1173	146	22

表 4-5　福建省县级教师进修学校专任教师学历情况　　　　单位:人

年份	专任教师	研究生及以上	大学本科	大学专科	高中、中专及以下
2008 年	2475	22	1315	901	288
2012 年	2416	48	1658	592	117

三是名优教师比例逐步扩大。进修学校的教师,是"老师的老师"。近几年各地注意引进、补充特级教师、县级以上学科带头人和教学经验丰富的名优教师担任县级教师进修学校专任教师,使进修学校教师队伍素质较之 2008 年有了较大提升,详见表 4-6。

表 4-6　福建省县级教师进修学校专任教师教学经历情况　　　　单位:人

年份	专任教师	特级教师	省市级学科带头人	县级以上骨干教师	教学经历			
					16 年以上	11～15 年	6～10 年	5 年以下
2008 年	2475	48	62	647	1703	466	218	88
2012 年	2416	41	239	1305	1680	428	208	100

　　从表 4-6 看出，2012 年专任教师中省、市级学科带头人 239 人，占专任教师总数的 9.89％，比 2008 年的 2.45％上升了 7.44 个百分点；县级以上骨干教师 1305 人，占专任教师总数的 54.01％，比 2008 年的 25.61％上升了 28.4 个百分点。

　　四是学科分布状况有所改善。县级教师进修学校主要开展义务教育阶段教师培训和教研工作，教师配备也主要集中在义务教育阶段。2012 年与 2008 年比较，教师学科分布状况有所改善，详见表 4-7。

表 4-7　福建省县级教师进修学校义务教育阶段专任教师学科分布情况　单位:人

年份	语文	数学	外语	历史	地理	科学	生物	物理	化学	体育
2008 年	83	82	79	48	45	41	38	68	68	55
2012 年	475	406	173	45	35	27	36	73	76	66

年份	艺术	音乐	美术	思想品德	历史与社会	品德与生活	品德与社会	信息技术	综合实践	心理健康	通用技术	政治
2008 年	22	53	45	63	20	43	45	63				
2012 年		56	46	41				86	21	51	5	88

注:表中 2008 年数据为学校数(所)，2012 年数据为教师人数

　　上表 2008 年、2012 年的数据采集虽然口径不一致，但从县级教师进修学校教师配备上进行具体分析，各校除了语、数、外三个学科会配备多名教师，其他学科一般只配备一名教师。由此可以看出，近几年县级教师进修学校更加注意各个学科教师均衡配备，特别是有 51 所学校配备了心理健康专任教师、21 所学校配备了综合实践教师。

　　五是兼职教师队伍更加优化。2012 年福建省县级教师进修学校共配备兼职教师 2297 名，比 2008 年的 1672 名增加 625 名。兼职教师主要来自中小学骨干教师、高校或科研部门，其中相当部分是特级教师、县级以上骨干教师，详见表 4-8。

表 4-8　福建省县级教师进修学校兼职教师来源情况　　　　单位:人

年份	兼职教师总数	来自义务教育学校	来自高中校	来自高校及科研部门	特级教师	省市学科带头人	县级以上骨干教师
2008 年	1672	1067	405	140	59	155	795
2012 年	2297	1506	413	262	71	190	1305

目前,县级教师进修学校专兼职教师比例接近1∶1,为县级教师进修学校开展培训、教研提供了坚强的人力保障。

(四)培训管理不断提升

近几年,在国家级、省级示范性县级教师进修学校的引领带动下,县级教师进修学校进一步加强培训管理,积极推进培训内容与形式的改革创新,培训总体水平不断提升,出现了"四个注重"的新气象。

一是在培训内容上,注重专业性、针对性、系统性。在以往的教师培训中,普遍存在分类分岗不明晰,讲宏观、讲抽象空洞的理论多的现象,受训教师感到枯燥无味,离教学实践较远。近几年,县级教师进修学校开始注重适应教师专业发展,开展针对性、系统性的培训。据向全省9个设区市2555个中小学教师、校长的问卷调查,80.04％的教师认为"参加培训有适合培训对象的系列课程",76.27％的教师认为"培训机构组织了针对教育教学薄弱问题的专项培训",83.9％的教师认为"培训内容适合自己教育教学需要",81.27％的教师认为"培训内容对自己有启发和指导作用"。如厦门湖里区进修学校根据教师队伍中新教师占大多数、骨干教师严重不足的情况,开展教师培训需求调研,实施"抓两头、促中间"的培训策略,对新教师和骨干教师进行不同内容的针对性、系统性培训。2006年以来新进的605名教师,通过连贯性的精心培养迅速成长,有的已经成为学校骨干教师。目前湖里区2160个中小学教师,有市级以上各类骨干教师278人、区级骨干教师532人,改变了湖里区形不成骨干教师队伍的状况。

二是在培训形式上,注重灵活性、多样性、开放性。传统的培训形式更多地类似于"应试教育"下的课堂教学模式,由培训者"满堂灌"。近几年来,各地进修学校积极进行培训形式的改革创新,注意采取灵活多样的培训形式,受到广大教师的欢迎。如闽侯县在培训模式上,积极探索研训结合、联片送培、名师讲坛、任务驱动、课题拉动、导师带培、异地培训、挂职研修等八种形式,在组织形式上,尝试自主式、自选式、统筹式三种方式,提高了培训针对性、实效性,深受一线教师欢迎。据向全省9个设区市2555个中小学教师、校长的问卷调查,通过参加培训,98.25％的教师认为"自己在课堂教学方面的知识得到提升",93.35％的教师认为"自己在教学设计与实施方面的能力得到提高",92.24％的教师认为"自己更加了解教学反思的意义和方法",90.68％的教师认为"培训了自己的研究意识,掌握了研究方法"。

三是在培训手段上,注重面授与网授"两翼齐飞"。传统的培训基本上是采取集中统一面授的方式,时空安排上缺乏弹性。在教育信息化推进过程中,县级教师进修学校开始注意运用网络手段,开展网上研训工作。如晋江市教师进修学校 2009 年建立教师研修网,开通了远程培训管理平台、视频教研平台、教师研修平台、博客群组、教研 QQ 群等,组织中小学教师开展网络研修活动,一线教师不受时空限制,自由灵活地参加研修,取得良好效果。据统计,全省 84 所县级教师进修学校中,已有 77 所运用现代信息技术手段开展远程网络培训,2011 年远程网络培训中小学教师 12.7 万人次。

四是培训管理上,注重科学性、规范性。培训管理是对培训目标、培训内容、培训过程等进行有目的的控制的各种职能活动。近几年来,县级教师进修学校注重加强培训过程的科学性、规范性管理。(1)建立目标机制。全省 84 所县级教师进修学校,全部建立了明确的目标责任制和规章制度。南安市教师进修校制定了完善的管理规章制度,汇编成《南安市教师进修学校管理工作手册》,在全省县级教师进修校中起示范作用。(2)建立师资队伍管理机制。全省有 81 所县级教师进修学校建立了明确的师资队伍建设目标和管理机制,绝大部分教师都制定了个人进修提高规划。(3)建立教师培训质量监控机制。有 77 所县级进修学校建立了教师培训质量监控、检查、评估制度,占县级进修学校总数的 91.6%。(4)建立师训效果考核机制。有 80 所进修学校建立了教师培训效果反馈、改进和考核机制,占县级进修学校总数的 95.2%。(5)建立培训档案信息化管理机制。有 54 所县级教师进修学校建立了本辖区中小学教师培训档案,实行计算机信息化管理,占县级进修学校总数的 64.2%。(6)建立培训学分管理机制。有 67 所县级进修学校建立了中小学教师培训学分登记和管理制度,占县级教师进修学校总数的 79.7%。

(五)相关资源适当整合

《教育部关于加强县级教师培训机构建设的指导意见》要求,"积极推进县级教师进修学校与县级电教、教研、教科研等相关部门的资源整合与合作,优化资源配置,形成合力,努力构建新型的现代教师培训机构"。近几年,在政府及教育行政部门的积极推动下,福建省县级教师进修学校与相关部门资源整合与合作取得新的进展。

一是与县级教研部门资源整合,形成真正意义上的"研训一体"。全省 84 所县级教师进修学校,已有 74 所进行了培训和教研机构的整合,占县级教师进修学校总数的 88.09%。有 10 所进修学校与教研机构分设,占 11.91%。实践证明,县级教师进修学校实行"研训一体"的资源整合模式,能够最大化地统筹使用优质师资资源，开展"教研问题化、问题专题化、专题课题化、课题课程化"的研训活动，可以收到更好的研训效果。

二是与县级教研、电教机构之间的资源整合。据统计，全省有 26 所县级教师进修学校实行培训、教研、电教三个机构的实质性整合，占县级教师进修学校总数的 30.95％。电教与研训机构的整合，使得电教资源采集上更具先进性与针对性，并能更好地服务培训与教研工作。

三是与县级教研、科研、电教、电大等相关资源整合。为加强进修学校的基础能力建设，全省有 10 所县级教师进修学校实行县级教研、科研、电教、电大等相关资源整合，占县级教师进修学校总数的 11.91％。

四是与高等学校、教科研等机构开展联合或合作等多种形式办学。在构建开放灵活的教师终身学习支持服务体系的大背景下，福建省县级教师进修学校在与县级相关部门进行资源整合的同时，积极开展与高等院校、科研机构的联合与合作。据了解，全省 84 所县级教师进修学校都与高等院校进行了有关合作，努力建设上联高校、下联中小学的区域性教师学习与资源中心。

（六）实体功能有效发挥

近几年来，县级教师进修学校按照"小实体、多功能、大服务"的原则，积极发挥五个方面功能作用，促进单一的进修培训向构建教师专业成长支持服务体系转变。

一是培训功能。培训是进修学校的主要功能之一。2011 年，我省 84 所县级教师进修学校开展了新教师培训、骨干教师培训、全员培训、新课程培训、教育技术能力培训、中小学校长培训等十多个项目的培训，共计培训中小学教师、校长 495475 人次。在开展培训的同时，还开展了学历提高培训工作，有 39 所进修学校承担中小学教师学历提高培训，参加学历提高培训的教师有 8647 人。

二是教研功能。县级教师进修学校为了搞好中小学教师培训工作，都十分重视开展教学研究，特别是有近九成进修学校直接负有教研职能，他们把教研科研作为进修学校的主功能之一。进修学校教师、教研员经常深入一线课堂听课评课，开展教学质量监测、分析、评估等工作，并注意总结、探讨新课程改革中的新情况、新问题。据统计，近 3 年，县级教师进修学校参与设区市以上课题研究有 1751 个，有 310 人获省级以上教育科研奖。近 3 年在公开刊物上发表科研成果的有 1860 人，发表文章 3332 篇、出版专著 87 本。

三是指导功能。县级教师进修学校积极发挥在本地区基础教育改革发展中的指导作用。2011 年,福建省组织实施教育改革十大项目,其中涉及基础教育改革的有推进素质教育改革、义务教育均衡发展改革、中小学教育教学改革、考试招生制度改革、中小学教师管理体制改革等五大类共 168 个项目,县级教师进修学校都参与改革项目咨询指导工作,其中有 13 所县级教师进修学校直接承担试点项目。建瓯市教师进修学校指导的"先学后教、自主互助"教改试点项目、厦门湖里区进修学校承担的"先学后教、反馈矫正"教改试验项目、南靖县进修学校承担的"学导式"课堂教学改革等已取得可喜成果。

四是咨询功能。县级教师进修学校积极发挥政府和教育行政部门的参谋部、智囊团的作用,为政府和教育行政部门抓教育献计献策。据统计,2011 年,县级教师进修学校为县级以上政府及有关部门提供政策咨询建议或咨询报告达 620 份(个),其中被政府及有关部门采纳的有 408 个。如南安市教师进修学校坚持"以有为求有位、以有为求实效、以有为求发展、以有为求品位"的理念,努力当好教育行政部门的参谋助手。近几年南安市进修学校先后承担了省教育厅有关中小学班主任队伍建设、县级进修校建设等课题调研咨询任务,并为本市实施人才强教提供咨询服务,得到政府和教育行政部门的充分肯定。

五是服务功能。县级教师进修学校积极开展为教育行政部门服务、为中小学服务、为社会服务工作。据了解 2011 年有 78 所进修学校指导帮助所在县区中小学建立了校本研修制度,有 81 所进修学校经常组织专兼职教师下中小学开展教育教学活动指导。全省县级教师进修学校专兼职教师到中小学及幼儿园开公开课 1791 次,指导一线教师开展课题研究 2554 个。有 50 所进修学校为所在社区(乡镇)提供学习资源,开展各类培训活动,2011 年共办各种类型培训班 1770 个(次),培训社会人员 286803 人次,为构建学习型社会做出了积极的贡献。

二、福建省县级教师进修学校发展中存在的问题

2008 年全省教师队伍建设工作会议之后,福建省县级教师进修学校建设有了较大发展,在为提升中小学教师队伍素质服务、为基础教育改革发展服务中作出了积极的贡献。但是,面对基础教育改革发展的新形势、中小学教师队伍建设的新要求、教师培训工作发展的新趋势,福建省县级教师进修学校发展中还存在一些问题,突出表现在以下五个方面。

(一)基础设施虽有改善,但离规范要求还有差距

县级教师进修学校开展研训工作,需要有一定的校舍条件和培训条件。近几年福建省县级教师进修学校的基础设施得到了较大的改善,但距离"国标"还有相当差距。

1. 从校舍条件方面进行分析。2011 年教育部办公厅印发的示范性县级教师培训机构标准,对县级教师培训机构占地面积、建筑面积分别提出具体要求,详见表 4-9。

表 4-9　教育部制定的县级示范性教师培训机构校舍条件标准

教职工总数	占地面积	建筑面积
5000 人以下	不低于 10 亩	5000 平方米以上
5000~8000 人	不低于 15 亩	7000 平方米以上
8000 人以上	不低于 20 亩	10000 平方米以上

教育部的评估标准还对培训容量作了规定,县级教师培训机构校舍和配套生活设施能同时承担 300 人以上专项集中培训,具备计算机网络教室、多媒体教室、多功能学术报告厅、心理健康辅导室、图书资料室等专业教室,能满足本地区教师培训的需要。专业设施标准不低于省级示范高中的水平。

对照教育部的标准,福建省县级教师进修学校在校舍条件上还存在一定差距。

一是在占地面积上不达标的居多。全省 84 所县级教师进修学校总占地面积 890.96 亩,平均每所占地 10.6 亩。但作具体分析,占地面积在 10 亩以上的 22 所,占 26.19%,占地面积 10 亩以下的 62 所,占总数的 73.81%。也就是说,有七成多的县级教师进修学校在校舍条件上未达到教育部规定的最低档次(全县教职工总数 5000 人以下的占地面积不低于 10 亩)的要求。其中占地 5 亩以下的有 31 所,占 36.90%。占地 2 亩以下(含由于拆迁目前租借校舍的)有 13 所,占 15.48%。

二是在建筑面积上总体低于最低限标准。全省 84 所县级教师进修学校,建筑总面积 362195 平方米,平均每所 4311 平方米,从总体平均上低于教育部规定的最低档次建筑面积达 5000 平方米以上的要求。其中有 55 所进修学校建筑面积低于 5000 平方米,占 65.48%。有 19 所进修学校建筑面积低于 2500 平方米,占 22.62%。华安县进修学校建筑面积仅 665 平方米。

三是在培训容量上三分之二学校低于标准。全省县级教师进修学校可以

一次性容纳 28980 人培训,平均每所 345 人,从总平均上超过教育部规定标准。但具体进行分析,培训容量一次性可容纳 300 人的只有 28 所,仅占 33.33%。永泰、沙县、明溪、建宁、将乐、延平、古田、长汀等县区进修学校,一次性容纳培训人数均在百人以下。

四是专业教室严重不足。教育部要求县级教师进修学校专业设施标准不低于省级示范高中的水平。福建省县级教师进修学校离此标准有较大差距,详见表 4-10。

表 4-10   福建省县级教师进修学校专业教室配备情况   单位:间

专业教室	普通教室	计算机网络教室	多媒体教室	多功能学术报告厅	心健辅导室	图书资料室	电子阅览室	语音室	综合实验室
总计	385	116	177	64	31	86	72	28	12
平均每所	4.58	1.38	2.11	0.76	0.37	1.02	0.86	0.33	0.14

从上表看出,目前有的县进修学校还没有多功能学术报告厅、电子阅览室、心健辅导室、语音室、综合实验室等。计算机网络教室平均每所仅 1.38 间。

2. 从培训条件方面进行分析。培训条件主要由设备设施、网络环境、图书音像、数字资源等构成。目前县级教师进修学校的培训条件总体上也存在差距,详见表 4-11。

表 4-11   福建省县级教师进修学校培训条件情况

项目	教育部规定标准	全省配备总量	每所平均	备注
1. 设备设施	每所配计算机不少于 150 台,配备视频投影、教学录播系统等设备	计算机 6266 台	74.60 台	离部颁标准差 75.5 台
2. 摄录播设备	配备教学录播系统	98 套	1.17 套	
3. 网络	建有内部局域网	71 个	0.85 个	有 13 所未建网站
4. 网络出口宽带	网络出口宽带不低于 10 M	1198 M	14.26 M	
5. 图书藏书	3 万册以上	纸质 1417936 册 电子 1359689 册	16880.19 册 16186.77 册	

续表

项目	教育部规定标准	全省配备总量	每所平均	备注
6. 报刊	不少于 80 种	1283	15.27	差距很大
7. 音像资料	不少于 1500 小时	135716	1615.67	差距很大

特别是在教育现代化的大背景下,县级教师进修学校作为区域内教师学习与资源中心,信息技术装备条件理应要走在前列,但目前教师进修学校的信息技术装备相对薄弱。有 13 所进修学校未建立官方网站,有 25 所进修学校还没有专用网络出口宽带。进修学校的教学计算机配备数量也不充足,平均每所配备 74.60 台,数量上只有部定标准 150 台的一半。目前进修学校计算机网络系统能与辖区内的中小学相连接的有 69 所,还有 15 所无法与中小学相连接。具有支撑远程教育服务的设施设备专业技术人员和管理人员仅有 76 人,还未达到每校 1 人。

(二)师资队伍虽有加强,但要担当和支持中小学教师专业发展重任还需要进一步优化

进修校的教师是"老师的老师",在思想政治素质、专业知识、专业能力上要求更高。特别教育部制定了中小学、幼儿园教师专业标准,对教师专业理念与师德、专业知识、专业能力等提出了新的要求。教师专业标准是教师培养培训的主要依据,要搞好教师专业素质的培训工作,要求进修学校教师要有更高的专业素质。近几年,福建省县级教师进修学校师资队伍总体素质有所提高,但在新形势下,要担当好教师专业发展的培训提高工作,还存在一些差距。

一是教师数量结构上不够合理。部定标准为专任教师一般不低于本地区中小学专任教师总数的 5%,教师总数 5000 人的不少于 40 名专任教师,学科配备齐全。目前全省县级教师进修学校专任教师总数为 2416 人,平均每所 28.76 人,比部定低限要求 40 人少 11.24 人。进修学校学科教师配备不齐现象更为突出。据统计,目前除南安市进修学校外,各县(区)进修学校因种种原因,无法配齐各学科培训教师或教研员。特别是义务教育阶段非考试学科生物、科学、音乐、美术、综合实践、心理健康、通用技术等学科,配备培训教师或教研员更少。其中通用技术教师全省仅有 5 名、综合实践教师仅 21 名。进修学校教师总量不足、学科配备不齐,直接影响了区域内学科研训工作的开展。

二是教师学历职称上不够适应。部定标准要求 50 周岁以下专任教师 100％达到大学本科及以上学历,具有研究生学历和硕士、博士学位者达到 15％,并逐年提高;90％以上教师具有中、高级职称,高级职称占 40％以上。对照这一标准,福建省县级教师进修学校教师学历、职称尚有差距。首先是专任教师学历偏低。全省进修学校教师中,大学本科以上学历的有 1706 人,占专任教师总数的 70.61％,其中研究生及以上学历的仅 48 人,占 1.99％。大学专科以下学历的有 709 人,占 29.35％。职称和学历虽然并不能完全代表教师的理论水平和实际能力,但也能从一个侧面反映一个教师的理论功底和教育教学业务能力。从这个意义上说,县级教师进修学校教师理论功底和教学业务能力与所担当的任务相比还有一定的差距。

三是名师数量还不多。部定标准是具有特级教师称号或正高职称的专家型教师不低于专任教师数的 5％,主要学科地、市级及以上骨干教师每学科不少于 1 名。目前全省进修学校中特级教师仅 41 人,占专任教师总数的 1.70％。全省进修学校拥有省、市级学科带头人 239 名,占专任教师总数 9.89％,平均每所仅 2.85 名,与部定标准每学科不少于 1 名有较大差距。

四是培训者自身培训率、双向流动率偏低。县级教师进修学校的主要职能是开展培训与教研,作为培训者,要了解前沿理论,熟悉和了解中小学教学状况,了解基础教育改革有关精神,所以进修学校教师自身培训提高显得十分重要,与中小学教师的双向流动也十分必要。目前县级教师进修学校反映,培训者自身培训机会太少,进修学校教师与中小学教师的双向流动也“流”不动。主要是受到定岗定编等多种因素的限制,进修学校想要的教师进不来,要流动的教师出不去,造成进修学校教师脱离中小学教学实际的问题,直接影响了研训质量。

五是兼职教师队伍数量不够充足。教育部标准是兼职教师与专任教师的比例不低于 1.5∶1。目前全省进修学校兼职教师总数为 2297 名,与专任教师总数 2416 名比,尚未达到 1∶1 标准。县级教师进修学校本身人才就比较匮乏,借助高等院校、科研单位的人才加强研训力量更显得重要。

(三)培训工作虽有改进,但与新形势要求相比还需要进一步改革创新

培训是进修学校的主功能,虽然县级教师进修学校近几年不断改进培训工作,但与新形势新任务要求比,还存在“三个不够适应”。

一是内容上不够适应。培训内容是保证培训质量的前提。县级教师进修学校培训内容上普遍存在前沿性、针对性、整合性和动态性不够强的问题。据问卷调查,我省中小学教师对培训机构的培训效果的认可度依次是省级、市级进修院校占 45.49%,县级进修校占 27.16%,师范院校继续教育学院占 13.79%,学校自身占 7.33%。(1)前沿性。县级教师进修学校由于自身的培训者队伍高职称、高学历的不多,特别是缺乏理论研究人才,同时又囿于经费紧张,难以延聘更多的省内外教育专家、名师来到培训班授课,所以在培训内容上,传播新知识、新理念、新方法、新成果等受到一定局限,对一线教师更新观念、创新教学方法作深层次的解读和高层次的指导显得不够。(2)针对性。县级教师进修学校因自身培训者队伍的原因,在针对基础教育课程改革中的重点、难点和热点问题进行培训方面有的显得力不从心。如县级教师进修学校教师来源多是小学、初中任教经历者,对高中课程改革指导与培训往往难以下手。对义务教育阶段课改教学的培训与指导,因大多数培训教师、教研员长期脱离一线教学,在培训中往往出现做通识培训的多,对重点、难点和热点进行针对性的培训少的问题。许多中小学一线教师反映培训"不解渴"。据向全省 9 个设区市中小学及培训学员 2555 人的问卷调查,40.8% 教师认为"培训活动形式化,实效差",39.6% 教师认为"培训理论与实践脱节"。(3)整合性。县级教师进修学校的培训内容与学科教学内容互相配合、互相渗透方面,存在"两张皮"的现象。比如教师教育技术能力培训,县级教师进修学校许多教师自身还未过好信息素养关,往往出现把教师教育技术能力培训简单化成教师信息技术能力培训,如何将教育技术能力与学科教学进行渗透、整合,目前普遍状况不够理想。又比如德育教育问题,如何针对学科教学特点,开展自然的融入爱国主义、社会主义核心价值体系教育的培训,也是需要研究与改进的问题。(4)动态性。处在不同学段、不同发展水平的教师有不同的需求,同一位教师在不同的发展阶段也有不同的需求,这就要求在培训内容上要把握好层次性和动态性,才能达到继续教育的目标。据了解县级教师进修学校目前在培训中,还不同程度地存在"大锅煮"的现象,因而造成培训针对性实效性不强的问题。

二是培训形式上不够适应。培训形式是影响培训质量的重要因素之一。培训效果不仅取决于培训内容,也取决于培训方式。在县级教师进修学校培训中,目前普遍存在"五多五少"的问题。一是满堂灌多、互动参与少。培训中往往是由授课教师一人从开始讲到结束,培训学员接受满堂灌,被动式接受培训,互动参与较少。中小学新课程改革强调落实知识与技能、过程与方法、情感态度价值观的"三维目标",要求推行自主、互动、探索式的学习方式,中小学教师培训理应要在贯彻新课改理念上起示范作用,但一些进修学校培训方式仍旧是老一套,既影响了培训成效,也不利于培养受训教师贯彻实施新课改的能力。二是预定课程多、"菜单式"自主选题少。由于中小学教师培训大部分是提高式培训,培训的内容不是一成不变的,目前县级教师进修学校基本上没有一个完整的培训课程体系,加之县级教师进修学校各学科培训教师和教研员配备不足,使得各学科培训中很难开出丰富的"菜单"供培训学员选择。目前县级教师进修学校相当程度上存在"因人开课"的问题,即有什么教师就开什么课,教师有备什么课就开什么课。由于大部分培训课程是预先设定的,不能由培训学员自主选择,按需"点菜",因而在一定程度上影响了培训成效。三是课堂讲座多、情景培训少。中小学教师培训实践性很强,通过示范课、听评课等现场培训,可以有更好的培训效果。据向培训学员调查,大部分教师希望能到课堂观摩、听课评课,或是当名师的"影子教师",接受情景式培训。但目前县级教师进修学校在情景培训方面组织推进不够,举办课堂讲座的传统惯性做法还比较多。四是研训脱节多、研训一体少。县级教师进修学校培训教师、教研员捕捉中小学教学中的重点难点问题的能力、将教学问题作为科研课题研究的能力、将科研课题研究成果转化成培训课程的能力都有一定的局限性,有的县级教师进修学校培训者与教研员分开设置,也影响了研训一体的推进,影响了培训成效。五是单一面授多、面授与网授"两翼齐飞"少。福建省县级教师进修学校目前在网络建设上总体状况较好,全省84所县级教师进修学校与"校校通"相连的有69所,有65所县级教师进修学校计算机网络系统与辖区内中小学相连接,进修学校购置了98套摄录像设备,配备了76名专业技术人员。但是,在培训形式与手段上,单一面授较多,还不善于运用远程技术开展网络培训。在开展远程培训上,网络培训较多地集中在信息技术能力培训项目上,其他项目网授存在自身原创资源少、对外来远培资源筛选不够、针对性不够,以及远培组织管理不到位等问题,影响了网授培训质量。培训形式上存在的上述问题,影响了教师培训质量与效果。

三是培训管理机制上不够适应。培训管理机制对培训目标、培训内容、培训过程等实施具有直接影响。目前县级教师进修学校突出存在四个机制滞后的问题。(1)目标机制滞后。教育部制定的中小学教师专业标准,从专业理念与师德、专业知识、专业能力3个维度,分别提出10多个领域60多条具体要求。这对中小学教师继续教育工作指明了目标方向,培训机构应根据这些目标方向结合本地中小学教师培训的实际情况,制定出培训的总体目标、阶段目标和分层目标及实施方案等。据了解,目前县级教师进修学校对教育部制定的中小学教师专业标准反映迟钝,被动等待较多,主动学习研究、制定培训目标的很少。(2)服务机制滞后。教育培训机构是为提升中小学教师素质服务的机构,中小学教师到培训机构参加培训,既希望得到培训服务,也希望得到信息服务、资料服务、生活服务等等。目前县级培训机构由于办学条件相对较差,办学经费不足等原因,在培训管理中,为教师提供全方位的、周到的服务还有很大的差距,中小学一线教师反映,进修学校办学条件比中小学落后了十年、二十年,服务能力跟不上培训服务的需求。(3)评估机制滞后。培训评估机制与培训质量有着直接的联系。中小学教师继续教育的复杂性、层次性、灵活性,要求评估应着眼于系统的整体性和教师的发展性。目前县级教师进修学校的评价依据、评价指标、评价方法、评价方式等方面都没有完整的机制,进修学校的工作干得好还是不好难以评价。(4)激励机制滞后。激励机制包括评先评优、职称评聘、进修学习等等。县级教师进修学校反映,进修学校很容易被遗忘,因每个县只有1所进修学校,政府及教育行政部门的评先评优等激励政策经常"忘了"进修学校。

(四)教研能力虽有提升,但与福建基础教育站位要求比还需要大力加强

福建省 84 所县级教师进修学校中,有 74 所承担教研职能,在机构设置上已实现"研训一体"。县级教师进修学校是普通中小学教研的"主力军",为新课改的深入实施起到了重要作用。但是在教研工作中,还存在三个薄弱环节。

一是一般性研究问题。县级教师进修学校是区域内中小学教师科研引领和智力支持机构,本应可以更好地开展问题课题化的研究,但目前不少县级教师进修学校的教研还比较空泛,停留在一般性的研究上。由于教研员的素质能力有限,教科研水平总体不高,研究成果也不多。据统计,全省县级教师进修学校专任教师 2467 名,近 3 年参与设区市以上课题研究 1751 人,平均每年583.6 人参与课题研究,仅占专任教师总数的 23.66%。获得省级以上教科研奖的仅 310 人,占专任教师总数的 12.57%。近 3 年在公开刊物上发表科研成果的人数 1860 人,平均每年 620 人,占专任教师总数的 25.13%,发表文章3332 篇,平均每年每位专任教师发表文章 1.35 篇。

二是浅表性研究问题。福建省基础教育工作历来扎实,很多指标一直走在全国前列。福建省基础教育历史上也一直是出经验的省份。但是在新课程改革中,福建省还没有出现像江苏洋思中学、山东杜郎口中学那样能在全省乃至全国叫得响的课改模式、课改经验,这与县级教师进修学校的教研仅仅停留在浅表性的研究上有很大的关系。县级教师进修学校教研工作目前在形式上,主要是下校指导教学、组织公开课观摩活动、组织开展课题研究及外出参观考察、网络研修、指导校本研修等,真正开展试验性研究、深度研究、总结性研究的不多。教研员在带着课题开展试验研究、培育学校课改亮点并系统总结先进教学方法等方面总体上比较薄弱。2011 年,福建省实施教育改革十大重点项目,有 13 所县级教师进修学校承担教学改革试点任务,目前很多试点校还停留在浅表性的研究上,尚未总结出独特的教学方法。

三是为研究而研究问题。教研培训是不可分割的整体。教研员的研究成果最终要为教学服务、为提升教师专业能力服务。有的进修学校教与研相脱节,教研员的思想和研究成果没有转化为教师教育资源,也没有回到一线教学上进行验证,这种为研究而研究的课题、为研究而研究的现象还比较普遍。

（五）内部管理虽有章法,但在发挥整体功能作用上还需探索完善

县级教师进修学校在数十年的办学历程中,建立了一套内部管理机制,对专任教师也有一套管理办法,但在发挥整体功能作用上还存在一些突出的问题。

一是校园文化比较薄弱。校园文化包括精神文化、制度文化、环境文化、展馆文化、培训文化、形象标识等等。目前进修学校比较注重建立制度文化,但在精神文化、环境文化等方面比较薄弱。不少学校领导认为,进修学校没有培养学生的任务,只搞短期培训,学校文化不好搞,也无所谓,往往忽视精神文化、办学理念类校园文化建设。学员到进修学校培训,不像到普通院校学习那样有一种文化熏陶,有一种依恋的感觉。校园文化是县级教师进修学校的一块"短板",影响了在培训中发挥示范引领作用。

二是精细化管理还不到位。精细化管理体现了一所学校的办学内涵、精神面貌,也关系到工作效率与质量。目前县级教师进修学校在精细化管理上总体还不到位。具体表现在对校园环境管理重视不够,认为校园小、设施设备落后"不好作为",对培训活动全过程细节上重视不够,认为是"小节无关大局”;对教职工行为规范上重视不够,认为“不像中小学没有直接接触学生”等等。精细化管理不到位,影响了进修学校的工作效率与质量,也影响了进修学校的对外形象。

三是整体功能发挥不够。福建省县级教师进修学校大部分实现了县域内培训、教研、电教等机构的整合。但有的在资源整合过程中,没有注意进行人力、物力资源的优化配置,有的还存在各部门各自为战“配合不融合”的现象,导致一些进修学校主业不够突出、精力不够集中。如有的进修学校与职专学校整合,职专学生数千人,进修学校领导的精力更多地放在职专生的教学与管理上,进修学校工作受到弱化。有的进修学校与电大整合、与小学整合,虽然在资源共享共用上有一定优势,但在工作中出现了不同程度的主业精力不够集中的问题。

正视县级教师进修学校发展中的问题,有利于从政策层面、管理层面采取措施,进一步加强县级教师进修学校建设。

三、加强福建省县级教师进修学校建设对策措施

根据福建省县级教师进修学校发展现状、存在问题,从基础教育改革发展新形势、国家和省有关加强中小学教师队伍建设及加强培训机构建设新要求出发,福建省县级教师进修学校应着重加强以下六个方面工作。

(一)明确新时期县级教师进修学校的定位功能

在新的历史时期,基础教育改革发展进入全面深化阶段,中小学教师队伍建设进入以提高专业化水平为重点阶段,县级教师进修学校面临的形势和任务发生了新的变化。在新形势下,县级教师进修学校要顺应时代和社会的要求,适应基础教育深化改革的要求,响应国家对中小学教师队伍专业化建设的要求,进一步明确新时期的定位功能,重点发挥好四个功能作用。

1. 培训功能。县级教师进修学校是中小学教师继续教育的最基础机构,搞好县域内中小学教师培训是县级教师进修学校的“传统项目”,在新的历史时期培训主功能作用不仅不能削弱,而且要大力加强。在发挥培训主功能中,要具体担起四个方面的职能:(1)规划职能。县级教师进修学校是县域内教师继续教育专门机构,对教师队伍建设有关政策更熟悉,对本县域内中小学教师队伍状况更了解,要协助教育部门具体承担制定本县域中小学教师队伍培养

整体规划和分年度工作计划,当好教育行政部门的参谋助手。(2)实施职能。县级教师进修学校应在教育主管部门的领导下,负责具体实施本县域中小学教师队伍继续教育规划与年度工作计划,促进中小学教师培训工作目标任务落到实处、收到实效。(3)管理职能。县域内教师一般有数千人甚至上万人,教师继续教育工作具体量大,由教育行政部门直接管理力量有限,县级教师进修学校要发挥好管理职能,制定教师继续教育有关制度,加强培训过程管理、教师培训信息管理等,发挥好管理职能,把教师培训管理工作做到位。(4)协调职能。在开展教师培训工作中,需要协调处理县域内教研、电教等部门的关系,协调中小学的关系,还要协调县域内外高等院校、科研院所等的关系。县级教师进修学校要发挥好协调职能,协调好方方面面的关系,实施好培训目标任务。

2. 研究功能。福建省县级教师进修学校中,有近九成学校在机构、资源上是"研训一体",发挥研究功能,不仅是县级教师进修学校的职责所在,也是开展高质量的培训的需要。县级教师进修学校应着重开展五个方面研究:(1)教学研究。要发挥好教研职能,深入开展课堂教学研究,及时了解中小学实施国家课程方案、组织教学的情况,有针对性地提出本区域深化教学改革的措施与要求,发挥好教学指导的作用。及时总结好教法、好经验,通过培训扩散到中小学教师中去,促进中小学均衡提高教学质量。(2)基础教育改革发展研究。要积极承担县域内基础教育改革项目研究,包括基础教育改革发展规划、义务教育均衡发展、实施素质教育、考试招生制度改革等方面的研究,积极主动地当好政府和教育行政部门的"智囊团"。(3)教师队伍建设研究。县级教师进修学校作为县域内教师培训的主阵地,必须研究自己的培训对象。要开展中小学教师队伍研究,开展加强教师队伍建设、提升教师专业化水平等方面的研究,努力设计出科学、有效的培训方案,使教师培训真正能够做到"对症下药",提高培训的针对性与实效性。(4)培训工作研究。教师培训工作专业性很强,为不断提高培训质量,进修学校要加强对培训活动的研究,注意总结培训工作经验,研究学习新经验新做法,积极推进培训工作改革创新,努力促进培训机构的工作从专门、专业向专家的跨越与提升。(5)教育科学研究。县级教师进修学校要积极开展其他教育科学研究,努力发挥好政府和教育行政部门"参谋部"的作用。

3. 监测功能。县级教师进修学校在县域内教育工作中具有独特位置,应发挥好"第三方"的作用,开展教育监测工作。主要开展两个方面监测。(1)教学质量监测。县级教师进修学校要建立中小学生学业质量监测、分析、反馈与指导系统，稳定、持续、均衡提高县域内中小学教学质量。（2）教育公众满意度监测。县级教师进修学校要定期开展社会群众对教育满意度监测工作，让教育行政部门及时了解社情民意，及时改进工作，努力办让人民满意的教育。

4. 服务功能。县级教师进修学校要充分发挥"小实体、多功能、大服务"的作用，着重发挥好四个方面的服务功能。一是政策咨询服务。县级教师进修学校要充分发挥基础教育改革发展"智囊团"的作用，积极向政府和教育行政部门建言献策，为政府和教育行政部门提供决策咨询服务。二是教育资源服务。县级教师进修学校要努力成为教师资源中心，为中小学开展校本培训、中小学教师自主学习和教学活动提供丰富的资源。要运用现代信息技术手段为中小学教师继续教育和教学活动提供支持和帮助。三是指导研训服务。县级教师进修学校教师、教研员要深入中小学一线，指导中小学教师在教学实践中学习和研究，推动中小学教师开展教改实验，为提升教师专业化水平提供指导服务。四是社会培训服务。县级教师进修学校在完成本职任务的同时，应充分挖掘自身潜力，放大学校的社会功能，开放办学，积极参与社会培训，为提高社区公民素质，构建终身学习的学习型社会做出积极的贡献。

（二）全面推进县级教师进修学校标准化建设

近几年，福建省实施义务教育学校标准化建设，各地中小学办学条件有了很大改善，目前县域内学校中，办学条件最差的是县级教师进修学校。在推进中小学办学条件标准化建设的大背景下，有必要实施县级教师进修学校标准化建设，以提高县级教师进修学校办学条件和现代化水平，使县级教师进修学校真正发挥好在中小学继续教育中的示范引领作用。

1. 实施县级教师进修学校标准化建设的必要性。县级教师进修学校在加强中小学教师队伍建设、提升基础教育教学质量中具有独特的作用，当前很有必要实施县级教师进修学校标准化建设。首先，实施县级教师进修学校标准化建设是改变办学条件落后现状的需要。目前我省义务教育学校有标准化建设要求，高中学校有"达标"要求，县级教师进修学校没有办学标准，因此不少地方最破旧、办学条件最差的是县级教师进修学校。实施教师进修学校标准化建设，改变办学条件无标准的现状，有利于加强进修学校建设，改变进修学校落后的办学条件。其次,实施县级教师进修学校标准化建设是统筹加强县域内学校建设的需要。目前各县区为推进义务教育均衡发展,都在进行学校规划布局调整,在中小学标准化建设的有利时期,制定并实施县级教师进修学校标准化建设,有利于县级政府及教育行政部门对各类学校进行统筹规划建设,促进进修学校与其他各类学校同步发展,使各级各类学校发展水平大致相当。再次,实施县级教师进修学校标准化建设是发挥进修学校功能作用的需要。目前,不少县级教师进修学校由于办学条件落后,难以发挥区域内教师学习与资源中心的作用。加强县级教师进修学校基础能力建设,有利于教师进修学校充分发挥县域内教师专业发展的服务与支撑作用。

2. 实施县级教师进修学校标准化建设的主要原则。实施县级教师进修学校标准化建设,应注意把握三个原则:(1)先进性和实效性相结合的原则。县级教师进修学校建设要突出教师职业专业化发展的特点,从定位功能出发,重点加强培训、教研所需要的设施设备建设,其设施设备建设标准应在当地中小学中逐步达到领先水平。(2)统筹规划、分步推进的原则。鉴于县级教师进修学校目前办学条件水准较低,有的地区一步建设到位有一定困难,可将标准划分为两个等级,即基本达标条件和省级示范性县级教师进修学校条件。各地要将县级教师进修学校建设与义务教育学校标准化建设统筹进行、与县域义务教育均衡发展工作进度要求同步跟进。争取在 2013 年有 50% 的学校基本达标,2015 年所有学校都基本达标,30% 以上学校达到省级示范校标准。10% 左右学校达到国家级示范校标准。(3)适当倾斜、适度优先原则。县级教师进修学校是教师培训的"母鸡",是县域内教学质量的主要策源地,应鼓励各地对县级教师进修学校建设采取必要的倾斜政策,能快则快,加大力度优先抓好。

3. 县级教师进修学校建设主要标准。参照教育部办公厅 2011 年发出的关于开展示范性县级教师培训机构评估认定的通知中公布的《示范性县级教师培训机构评估标准》,结合福建省县级教师进修学校发展实际,县级教师进修学校应主要抓好五个方面标准化建设。

(1)校舍条件标准。校舍条件主要包括校园建设、占地面积、培训容量、专用教室五个项目,具体标准分别如表 4-12:

表 4-12　县级教师进修学校校舍条件标准

级别 项目	省级示范校标准	基本达标校标准
校园 建设	有独立校园校舍、规划合理、功能明确、校园环境文明整洁。	有独立校园校舍、规划合理、功能明确、校园环境文明整洁。
占地面积、建筑面积	1. 教职工总数在 3000 人以下的县占地面积不低于 5 亩,建筑面积达 3000 平方米以上;区(市)占地面积不低于 3 亩,建筑面积达 3000 平方米以上。 2. 教职工总数在 3000～5000 人的县占地面积不低于 7 亩,建筑面积达 5000 平方米以上;区(市)占地面积不低于 5 亩,建筑面积达 5000 平方米以上。 3. 教职工总数在 5000～8000 人的县占地面积不低于 10 亩,建筑面积达 7000 平方米以上;区(市)占地面积不低于 7 亩,建筑面积达 6000 平方米以上。 4. 教职工总数在 8000 人以上的县占地面积不低于 15 亩,建筑面积达 10000 平方米以上;区(市)占地面积不低于 10 亩,建筑面积达 8000 平方米以上。	1. 教职工总数在 3000 人以下的县占地面积不低于 5 亩,建筑面积达 2000 平方米以上;区(市)占地面积不低于 3 亩,建筑面积达 2000 平方米以上。 2. 教职工总数在 3000～5000 人的县占地面积不低于 5 亩,建筑面积达 3000 平方米以上;区(市)占地面积不低于 3 亩,建筑面积达 3000 平方米以上。 3. 教职工总数在 5000～8000 人的县占地面积不低于 5 亩,建筑面积达 5000 平方米以上;区(市)占地面积不低于 5 亩,建筑面积达 4000 平方米以上。 4. 教职工总数在 8000 人以上的县区占地面积不低于 10 亩,建筑面积达 7000 平方米以上;区(市)占地面积不低于 7 亩,建筑面积达 5000 平方米以上。
培训 容量	培训场所能同时容纳 500 人以上规模的集中培训,县域教师进修学校具备满足需要的配套生活设施。	培训场所能同时容纳 300 人以上规模的集中培训,县域教师进修学校具备满足需要的配套生活设施。
专业 教室	具备适用于各学科教师培训的计算机网络教室、多媒体教室、多功能学术报告厅、电子阅览室、教育心理健康辅导室等专业教室。专业教室设施标准不低于省级示范性高中的水平。	具备适用于各学科教师培训的计算机网络教室、多媒体教室、多功能学术报告厅、电子阅览室、教育心理健康辅导室等专业教室。专业教室设施标准不低于省级达标高中的水平。

　　(2)培训条件标准。培训条件标准主要包括设施设备、网络环境、远程支持、图书音像、数字资源、使用更新、设施管理、实践基地八个项目,具体标准分别如表 4-13：

表 4-13　县级教师进修学校培训条件标准

级别 项目	省级示范校标准	基本达标校标准
设施 设备	配备计算机不少于 100 台;配备投影视频、教学录像系统、双向视频等设备。能够利用双向视频系统,进行网上教学。	配备计算机不少于 80 台;配备投影视频、教学录像系统、双向视频等设备。能够利用双向视频系统,进行网上教学。
网络 环境	具有与教育网、公网进行有效连接的网络环境,网络出口带宽不低于 10M;配备浏览、资源存储等功能的专用服务器,能为本地中小学教师提供有效的网络研修和校本研修的支持和服务。	具有与教育网、公网进行有效连接的网络环境,网络出口带宽不低于 8M;配备浏览、资源存储等功能的专用服务器,能为本地中小学教师提供有效的网络研修和校本研修的支持和服务。
远程 支持	具有支持本地区教师通过远程手段有效开展远程学习和校本研修的网络平台,实现自主学习。	具有支持本地区教师通过远程手段有效开展远程学习和校本研修的网络平台,实现自主学习。
图书 音像	报刊不少于 60 种,图书资料 3 万册以上,专业音像资料(或网络资源)总量不少于 1500 小时。	报刊不少于 50 种,图书资料 2 万册以上,专业音像资料(或网络资源)总量不少于 800 小时。
数字 资源	建有覆盖全区域的教师学习资源平台和资源库,提供优质教师教育资源及相关信息,实现资源共享。	建有覆盖全区域的教师学习资源平台和资源库,提供优质教师教育资源及相关信息,实现资源共享。
使用 更新	每 5 年专业图书音像资料和数字资料补充更新不低于 20%。	每 5 年专业图书音像资料和数字资料补充更新不低于 20%。
设备 管理	配备符合远程教育支持服务要求的专职管理人员、技术人员,有相应的操作与管理制度,保证远程教育设备设施的正常运转。符合国家与地方有关安全、消防、卫生等方面的要求。	配备符合远程教育支持服务要求的专职管理人员、技术人员,有相应的操作与管理制度,保证远程教育设备设施的正常运转。符合国家与地方有关安全、消防、卫生等方面的要求。
实践 基地	设有附属学校或实验学校等教育教学实践基地,用于开展教学研究和教育教学改革等实践活动。教育教学实践基地作用发挥充分、良好。	设有附属学校或实验学校等教育教学实践基地,用于开展教学研究和教育教学改革等实践活动。

(3)教师队伍标准。教师队伍标准包括专任教师标准、兼职教师标准两大类。

专业教师标准包括教师数量、结构比例、教师管理、培训提高、学历状况、职称比例、名师比例七个项目,具体标准分别如表 4-14:

表 4-14　县级教师进修学校专业教师队伍标准

项目 \ 级别	省级示范校标准	基本达标校标准
教师数量	专任教师数达到所在县(区、市)中小学专任教师总数的 8‰左右(教师总数 4000 人以下的县(区、市)级教师进修学校教师不少于 30 人,教师总数 10000 以上的可以不超 100 人)。	专任教师数达到所在县(区、市)中小学专任教师总数的 5‰左右(教师总数 4000 人以下的县(区、市)级教师进修学校教师不少于 25 人,教师总数 10000 以上的可以不超 80 人)。
结构比例	专任教师应具有 3 年以上中小学教育教学经历,学科配备齐全,语数英主要学科应配备 2 名以上专任教师。专任教师占教师进修学校在职教职工总数 80%以上。	专任教师应具有 3 年以上中小学教育教学经历,学科配备齐全,语数英主要学科应配备 2 名以上专任教师。专任教师占教师进修学校在职教职工总数 70%以上。
教师管理	专任教师管理纳入中小学教师管理系列,积极推进教师进修学校专任教师与中小学教师双向流动,实行教师队伍动态管理,每五年教师队伍流动更新率 15%左右。	专任教师管理纳入中小学教师管理系列,积极推进教师进修学校专任教师与中小学教师双向流动,实行教师队伍动态管理,每五年教师队伍流动更新率 15%左右。
培训提高	专任教师熟悉基础教育,能够深入中小学课堂,参与和指导中小学教师进行教学改革和研究。专任教师按要求参加培训者培训,每年培训时间不少于 72 学时。	专任教师熟悉基础教育,能够深入中小学课堂,参与和指导中小学教师进行教学改革和研究。专任教师按要求参加培训者培训,每年培训时间不少于 72 学时。
学历状况	大学本科及以上学历专任教师占 95%以上,具有研究生学历及以上学历的专任教师达 6%。	大学本科及以上学历专任教师占 90%以上,具有硕士研究生学历教师达到一定比例。
职称比例	85%以上专任教师具有中、高级职称,其中高级职称教师占 40%以上。	75%以上专任教师具有中、高级职称,其中高级职称教师占 35%以上。
名师比例	具有特级教师称号、省或市学科教学带头人等知名教师至少 3 人以上。	具有特级教师称号、省或市学科教学带头人等知名教师至少 2 人以上。

兼职教师标准包括结构比例、教师管理、工作内容、目标绩效四个项目,具体标准分别如表4-15:

表 4-15　县级教师进修学校兼职教师队伍标准

级别 项目	省级示范校标准	基本达标校标准
结构 比例	聘请高等院校、科研单位的专家学者,社会各行业专业人才以及优秀中小学教师作为兼职教师。兼职教师与专任教师的比例不低于1.2∶1。	聘请高等院校、科研单位的专家学者,社会各行业专业人才以及优秀中小学教师作为兼职教师。兼职教师与专任教师的比例不低于1∶1。
教师 管理	兼职教师工作目标明确、任务具体、管理规范,实行动态管理。	兼职教师工作目标明确、任务具体、管理规范,实行动态管理。
工作 内容	兼职教师工作目标明确、任务具体,每年参加培训机构组织的教研与培训活动不低于30学时。	兼职教师工作任务明确,每年参加培训机构组织的教研与培训活动不低于30学时。
目标 绩效	兼职教师工作和成效,学员满意率不低于80%。	兼职教师工作和成效,学员满意率不低于70%。

(4)培训管理和质量标准。主要包括质量监控和管理规范化两大项,具体标准分别如表4-16:

表 4-16　县级教师进修学校培训管理和质量标准

级别 项目	省级示范校标准	基本达标校标准
发展 规划	1. 具有明确的师资队伍建设目标、规划和管理机制;100%专任教师制定有进修规划。2. 制定专任教师定期蹲点、挂职制度。	1. 具有明确的师资队伍建设目标、规划和管理机制;100%专任教师制定有进修规划。2. 制定专任教师定期蹲点、挂职制度。
培训 规划	根据中小学教师继续教育有关法规和教育行政部门要求,结合实际,制定本地区中小学幼教师培训规划,培训规划具有时代性、前瞻性、可行性。组织指导中小学幼儿园校本研修。	根据中小学教师继续教育有关法规和教育行政部门要求,结合实际,制定本地区中小学幼教师培训规划。组织指导中小学幼儿园校本研修。

续表

级别 项目	省级示范校标准	基本达标校标准
培训 绩效	加强教师培训需求调研和培训项目研发,优化培训内容,创新培训方法,加强教师培训的自主性和选择性。采取集中培训、远程培训、校本研修等多种手段,提高培训的针对性和实效性。	加强教师培训需求调研和培训项目研发,优化培训内容,创新培训方法,加强教师培训的自主性和选择性。采取集中培训、远程培训、校本研修等多种手段,提高培训的针对性和实效性。
质量 监控	建立教师培训质量监控和测评制度,完善教师培训质量评估机制和体系,保证各类教师培训规范有序。培训满意度在80％以上。	建立教师培训质量监控和测评制度,完善教师培训质量评估机制和体系,保证各类教师培训规范有序。培训满意度在70％以上。
评估 制度	采取多种有效方式,对培训项目实施过程评价和绩效评估。	采取多种有效方式,对培训项目实施过程评价和绩效评估
管理 规范化	培训管理制度健全,过程管理规范,培训服务周全,培训考核严格并有记载。培训过程有记录表单,培训结束有总结反馈及整改措施。	培训管理制度健全,过程管理规范,培训服务周全,培训考核严格并有记载。培训过程有记录表单,培训结束有总结反馈及整改措施。
管理 信息化	教师培训实现信息化管理,信息登记及时,电子档案齐全,学时学分登记率100％,无差错。	教师培训实现信息化管理,信息登记及时,电子档案齐全,学时学分登记率100％,无差错。

(5)办学经费标准。主要包括正常办学经费与培训经费两大项,具体标准分别如表4-17:

表 4-17 县级教师进修学校办学经费标准

项目 \ 级别		省级示范校标准	基本达标校标准
办学经费及管理	办学经费	1. 当地政府财政能够保障办学经费，包括建设经费、经常性经费、业务工作经费等。2. 建立以财政拨款为主，多渠道筹措建设经费的保障机制。3. 人员经费做到按人、按时足额拨付。	1. 当地政府财政能够保障办学经费，包括建设经费、经常性经费、业务工作经费等。2. 建立以财政拨款为主，多渠道筹措建设经费的保障机制。3. 人员经费做到按人、按时足额拨付。
	经费管理	经费预决算制度和审计监管制度健全，无挪用办学经费等情况，近三年经费审计合格。	经费预决算制度和审计监管制度健全，无挪用办学经费等情况，近三年经费审计合格。
培训经费及管理	培训经费	当地政府将本地中小学教师培训经费列入政府预算，按不低于本地教职工工资总额的 1.5% 拨付教师培训经费，其中由教师进修学校使用的经费应不少于年教师培训经费总额的 70%。对农村中小学按不低于年度公用经费预算总额的 5% 安排教师培训经费。	当地政府将本地中小学教师培训经费列入政府预算，按不低于本地教职工工资总额的 1.5% 拨付教师培训经费，其中由教师进修学校使用的经费应不少于年教师培训经费总额的 50%。对农村中小学按照不低于年度公用经费预算总额的 5% 安排教师培训经费。
	经费管理	经费预决算制度和审计监管制度健全，无挪用培训经费等情况，近三年经费审计合格。	经费预决算制度和审计监管制度健全，无挪用培训经费等情况，近三年经费审计合格。

(三)大力加强县级教师进修学校教师队伍建设

建立一支高素质、多元化、开放性的研训教师队伍，是加强县级教师进修学校建设的关键。为改变目前县级教师进修学校普遍存在的教师数量不足、结构不合理、整体素质不高的现状，必须采取综合措施，大力加强进修学校教师队伍建设。

1. 改革县级教师进修学校教师管理制度。县级教师进修学校由于历史的原因，存在进口把关不严的问题，不少教师是"照顾对象"，造成教师队伍整体素质不高。在加强县级教师进修学校建设的新形势下，许多进修学校由于编制、职称等限制，仍然存在想要的人进不来，不想要的人出不去的问题。要改变这种状况，必须改革县级教师进修学校教师管理制度。

一要改"校管体制"为"县管体制"。在"校管体制"下，进修校用人会受到岗位、职称等诸多限制，想要的人进不来。目前我省实施教师管理制度改革，实行义务教育阶段教师收归县管体制，进修学校用人应抓住"县管体制"的机遇，打破因岗位、职称等的限制，让优秀教师进入进修学校，担任"老师的老师"。当然，进修学校用人制度改革需要县级教育、人事部门的支持，只有通过县级教育、人事部门的行政力量，才能使进修学校在"县管体制"下真正实现用人制度改革。县级教育部门要把进修学校教师配备放在加强中小学教师队伍建设的关键位置，在县域内统筹筛选，真正把县域内的优秀教师选调到进修学校来，使进修学校教师队伍掌握现代教育理论，了解本学科发展趋势，具备一定的学术水平，拥有较强的实践能力、创新能力和教育教学研究能力，熟悉中小学教师继续教育的特点、规律，善于开展和组织教师进行有关继续教育活动；熟悉基础教育，能够深入中小学课堂，参与和指导中小学教师进行教学改革和研究，努力建设一支数量足够、结构合理、集研训于一体的具有较高水平的新型培训者队伍。

二要改"基本不动"为"合理流动"。进修学校的定位功能要求，进修学校教师要熟悉中小学一线教学。目前进修学校基本上是用人"终身制"，造成教师长期脱离中小学教学，产生了教学能力退化、培训针对性不强等问题。因此，必须实行进修学校教师轮换流动制度，以使进修学校的学术氛围保持活力和朝气。可考虑在保持人员相对稳定、工作有一定连续性的基础上，每 5 年有 15％左右比例教师合理流动，即以 5 年为一个周期，有 15％一线教师进来，并有 15％教师回到中小学去，以保持进修学校教师队伍活力，使教师与一线教学工作不会脱离太远，确保研训工作质量。进修学校教师流动可以有两种形式，一种是人随关系走，一种是人走关系不走。在教师收归县管的体制下，只要县级教育部门重视，完全可以实现教师队伍合理流动。

三要改"专职专用"为"专职兼用"。进修学校专职教师一般是"专职专用"。尽管目前很多进修学校都制定了专任教师、教研员下校调研与听课制度，但毕竟是当"局外人"，不利于教师深入了解中小学一线教学，也不利于教师直接组织开展各种教学试验。应鼓励教师安排一半或三分之一时间到中小学兼职教学，让进修学校教师或教研员有更多时间直接接触中小学教育教学实际，同时也使进修学校教师能直接组织或参与教学改革实验，掌握第一手材料，及时掌握和推广新理念、新教法、新技能。

2.重视现有专任教师队伍的培养提高。进修学校教师作为"老师的老师",在思想素质、业务素质上要求更高。必须大力做好现有专任教师队伍的培养提高工作。

一要"走出去"开阔视野。进修学校的定位功能要求教师要掌握现代教育理论、了解本学科发展趋势,具有一定的学术水平。因此,要积极创造条件让进修学校教师"走出去"开阔视野。比如支持教师参加学术交流活动、到高等院校和科研院所参加业务培训活动、到先进地区学校考察学习新理念、新教法、新技能等等。进修学校教师具有先进理念和学术水平,才能引领和带动区域内中小学教师提升教育教学水平。目前普遍存在对培训者自身培养培训重视不够的问题。应积极创造条件,加强培训者培训提高工作。省、市、县教育行政部门在安排教师培训计划中,要优先安排培训者计划,促进进修学校教师优先实现专业化。

二要"沉下去"接触地气。进修学校教师沉下身子,到中小学"接地气",了解中小学教师队伍素质状况,了解中小学教育教学状况,熟悉中小学继续教育的特点、规律,才能善于开展和组织教师进行有关继续教育教学活动,才能有效地指导中小学教师进行教学改革和研究。因此,有必要建立健全教师熟悉基础教育、深入中小学有关制度。福建省不少县级教师进修学校在加强教师、教研员队伍建设中,建立的教师下学校听课评课制度、下学校调研制度、组织实施教改实验制度、蹲点挂校制度、与中小学教师结对帮扶制度等等,实践证明是促进教师"接地气"、提高教师队伍学术水平和实践能力的行之有效的制度,必须在实践中予以坚持并不断完善,使进修学校教师在深入实际中提高研究思考能力、工作指导能力。

三要"钻进去"提升能力。引导教师参与教育科研是提高进修学校教师学术水平和实践能力的重要途径。教师在教学一线发现问题,设计课题开展研究,在研究课题中,查阅资料、开展调查、进行实验比较、汇总分析等等,可以使教师在科研意识、科研素养、理论水平等方面得到很大的提高,能使进修学校教师以全新的视角、更高层次的认识水平去审视自己所从事的继续教育和教学研究工作。因此,开展教科研过程是很好的教师教育途径。要引导进修学校教师把教育科研贯穿于教师生涯,努力做到问题专题化、专题课题化、课题课程化、课程培训化,在教育教学研究中提高进修学校教师的能力与水平。

3.激励教师创先争优。县级教师进修学校教师的精神状态、工作态度、业务素质等对县域内教师具有示范引领作用。可通过四个载体激励进修学校教师创先争优,争当培训名师。(1)开展全省进修院校教师培训技能竞赛活动。福建省 2010 年、2012 年先后开展两届中小学教师教学技能大赛,对推动中小学教师深入开展岗位练兵、精心备课、认真上课、提高教学质量具有重要促进作用。可参照中小学教师开展教学技能大赛的做法,每两年在全省进修院校中开展培训技能竞赛活动,促进培训教师钻研培训业务,改革创新培训内容与形式,进一步提高培训工作水平。(2)开展评选培训名师活动。每 3～5年,在全省进修院校中开展评选培训名师活动,培养和树立一批在全省乃至全国具有影响的闽派特色培训名师。(3)开展评选优秀培训教学资源活动。每年组织开展进修院校系统优秀培训教学资源活动,激励进修学校教师钻研培训业务,同时可以此建立和丰富全省优质培训教学资源库,实现全省优质培训教学资源共享共用。(4)开展创建国家级、省级示范性县级教师进修学校活动。福建省已有 17 所省级示范性县级教师进修学校,其中 2 所国家级示范性县级教师进修学校。"十二五"期间,教育部将在全国范围内组织评估认定200 所示范性县级教师培训机构;福建省也将在全省范围内继续开展评估认定省级示范性县级教师进修学校工作。要以创建与评估国家级、省级示范性县级教师进修学校为抓手,推动进修学校创先争优、科学发展、跨越发展。

4. 加强兼职教师队伍建设。县级教师进修学校由于受到编制、职称等限制,专职教师队伍的数量与质量等有一定局限性,在这样的情况下,必须做好借智引力工作。广泛聘请高等院校、科研单位和社会有关行业的专家学者、优秀人才作为兼职教师和顾问,既可以优化进修学校教师结构,又可以最大限度实现资源共享共用。因此,必须把兼职教师队伍建设作为县级教师进修学校教师队伍建设的重要组成部分来抓,"不求所有,但求所用",努力破解进修学校专任教师数量不足、素质不高,特别是小学科专任教师一时难以配齐配足的难题。

一要建立阵容强大的兼职教师队伍。进修学校要放开视野,从省内外高等院校、党校干校、进修院校、科研院所的专家学者中,从本地中小学一线名师中,从社会各行业的专业人才中,选聘一批人担任兼职教师、顾问。原则上要按照大于专职教师 1.5 的比例建设兼职教师队伍,充分发挥专兼职教师各自的优势和特点,开展好县域内中小学教师的继续教育工作。

二要加强规范化制度化管理。由于兼职教师队伍是"松散型"的,加强兼职教师队伍的规范化制度化管理显得更加重要。为此,要建立健全兼职教师队伍管理上的六个制度。(1)选聘制度。对确定选聘为兼职教师的,要做好双向沟通工作,让兼职教师明确职责,以便更好地履行职责发挥作用。并做好发放聘书等有关手续。(2)联系制度。进修学校要确定专人加强与兼职教师的联系,充分发挥兼职教师分布广、专业强、研究深、经验多、名气大的特点,发挥好示范引领、咨询指导等作用。(3)考核制度。对兼职教师的工作态度及培训、指导情况要做好评价考核工作,将评价、考核情况作为对兼职教师实行动态管理的重要依据。(4)档案制度。进修学校要对每一位兼职教师的专长,参加有关活动、接受与完成培训及指导任务,教学质量评价等建立信息档案,加强管理。(5)激励制度。进修学校要把兼职教师作为本校教师一样看待,通过评选优秀兼职教师、颁发荣誉证书、给予一定待遇等,激励兼职教师做好培训与指导等工作。(6)动态管理制度。要实行以效能发挥为目标的动态管理机制,对不能发挥作用或工作态度、工作质量差的兼职教师到期予以淘汰,不断补充新的专家学者、专业优秀人才作为兼职教师和顾问,不断优化兼职教师队伍。

(四)积极推进培训组织管理的改革创新

县级教师进修学校作为县域内教师发展的学习与资源中心,应紧扣培养造就高素质专业化教师队伍,以提升培训质量为重点,积极推进培训内容、培训形式、培训机制、培训管理的改革创新,为全面提高教师素质,为基本实现教育现代化,建设人力资源强省提供师资保障。

1. 改革创新培训内容,提高培训的针对性与实效性。中小学教师参加培训,基本上是能力提高培训。参训教师已具有较为系统的学科知识、一定的教学经验,他们又有专业困惑和学习需求。县级教师进修学校应依据一线教师的学习特点,按照国家颁发的中小学教师专业标准,精心设定培训内容,努力提高培训的针对性、系统性与实效性。

一要加强培训对象需求分析,使培训内容具有针对性。在制定培训计划时,要开展对培训对象需求调研,开展教师队伍建设现状研究,开展基础教育课程改革中重点难点问题分析。据福建教育学院向全省 2555 个中小学校长、教师问卷调查,中小学教师认为最需要的培训内容,居于前三位的依次是"学科专业知识""学科教学技能""教研和科研能力"。调查表明,拓展和深化学科专业知识与提升教育教学能力成为中小学教师培训的新需求。县级教师进修校应根据教师培训的需求、教师队伍建设需求、深入推进教育教学改革需求,进行综合考虑、精心设计,努力提高培训内容的针对性。

二要做好培训目标整体规划,使培训内容具有系统性。国家已制定中小学教师专业标准,进修学校要根据国家标准,根据培训对象的需求,做好培训内容整体规划,分年度具体实施。要防止培训内容上存在的"碎片化"、简单拼加的现象,使培训工作在五年一个周期内,教师的专业理念、专业知识、专业能力有一个系统的提升。

三要优化培训课程设计，使培训内容具有实效性。目前教师培训没有明确、统一的课程大纲，培训单位要根据国家制定的教师专业标准，从促进教师专业发展出发，科学、合理设置培训课程体系。教师培训的实践性很强，从各地培训课程设计的实践与成效上看，培训课程内容一般由理论研究、应用研究两大部分组成。理论研究以培训者讲授为主，传递新理念、新教法。应用研究以参与研讨、参与实践为主，提高参训教师的教学实践能力。理论研究与应用研究的具体时间安排比例，应从实际出发、科学设计，使培训内容更具实效性。

2. 改革创新培训形式，努力实现培训最大效益。中小学教师素质参差不齐，进修学校的办学环境与办学条件也存在差异，应在坚持为中小学教师专业化发展服务、为基础教育服务的指导思想下，改革创新培训形式。据福建教育学院向 2555 个本省中小学校长、教师问卷调查，中小学教师感觉最有成效的培训模式依次是脱产研修、占 26.69%，集中培训、占 21.48%，校本与集中培训相结合、占 16.19%。中小学教师最希望的培训形式，居于前三位的依次是教学观摩、合作交流、问题探究。中小学教师认为有效提高课堂教学能力的实践训练方法，居于前三位的依次是教学观摩、案例教学、集体备课。进修学校要采取灵活多样的、教师最需求、最欢迎的方式开展培训。

（1）合作探究的方式。传统的培训多是说教式、程式化、满堂灌，培训吸引力、实效性受到一定影响。在培训中，要引入课改理念，实行合作探究的形式。合作的过程即交流学习的过程。在合作过程中，教师不仅可以向培训者学习，还可以与其他教师分享经验，可以充分发挥教师的积极性主动性开展学习，有助于将培训内容内化，提高培训实效性。

（2）现场培训方式。教师培训具有实践性强的特点，既需要有学术性也需要有应用性。近几年来，县级教师进修学校在培训中采取的观摩课堂、听课评课、案例学习、同课异构、情景培训等现场学习培训方式，对提高教师教学能力很有帮助，可进行完善提高，使之发挥更好的效果。

（3）论坛研讨方式。论坛研讨具有专题性、研训一体式的特点。教师进修学校在了解和掌握教师迫切需要解决的重点、难点、热点问题的基础上，设定论坛主题，通过主讲主问式、互动参与式的研讨，既可调动教师参加学习培训的积极性，又可使对某一专题研训得深入一些，提高培训实效性。

（4）"工作室"团队学习培训方式。近几年一些地方通过组建"名师工作室"，组织教师团队开展学术沙龙式的培训学习。"名师工作室"的学习培训，立足于教育和教师的实际，开展基于经验与问题之上进行理论学习与探究，可以有效提升工作室团队成员的理论水平和实践能力,因此这种学习方式受到很多地方重视和推行。

(5)面授网授相结合的方式。教师学习具有教学压力大、工作繁忙、学习时间零碎而有限等特点。传统的培训更多的是采取集中指导的方式,灵活性不够。在教育信息化的新形势下,运用现代远程教育技术开展学习对教师培训是有力支持。应从实际出发,在必要的时间内进行集中培训指导,在必要的集中培训后,可将培训资源放在网站上,方便教师自主查阅、学习。通过运用面授与网授相结合,或远程学习培训的方式,以达到快捷、灵活、自主、高效的学习效果。

(6)异地培训方式。县级教师进修学校培训要致力于打开教师视野,让教师接受新的教育理念、教学方法、先进学校管理经验。为此,可从培训经费等方面条件出发,适当组织开展本省县域之间、省外发达地区的异地培训,以学习吸收外地先进理念与先进经验,提升教师能力与水平。

3. 创新培训组织机制。在教师继续教育从重公共理论向重教学实践转变、从补偿型教育向提高和参与型教育转变的新形势下,进修学校必须改变独家搞培训的高度集中培训体制,以开放的视野改革创新培训组织机制,努力把培训工作做得更加扎实有效。

一要建立校本培训机制。进修学校组织培训,可以依托中小学以校本培训的形式进行。校本培训是源于学校发展的需要,由学校组织的旨在满足每个教师工作需要的校内活动。校本培训 20 世纪 70 年代由英美等国率先发起,目前世界范围内许多国家广泛接受并实施校本培训计划。我国 1999 年教育部在《关于实施"中小学教师继续教育工程"的意见》中明确提出:"各中小学都要制定本校培训计划,建立教师培训档案,组织多种形式的校本培训。"此后,校本培训在我国广泛实施。进修学校在培训组织管理上,可以通过与中小学管理者合作,开展培训活动,指导中小学开展校本培训,使培训工作更具长期连续性、实践性、灵活性。

二要建立中小学基地培训机制。要积极探索"以学校培训学校"的组织机制,以中小学为基地,让中小学基地校承担起教师教育的责任。进修学校可以选择不同层次的学校作为培训基地,通过加强对基地校的指导与管理,组织县域内同一层次学校教师到基地校去接受情景培训。由于培训基地本身就是中小学,培训者是基地校的骨干教师,培训内容是与受训者平时所教内容直接相关的,培训形式也不是单一的讲座形式,可以通过导师带教等方式,让培训对象"零距离"观察和体验,因此,这种培训体制与传统的教师培训机制相比,也更有实效性、针对性、灵活性和同步性。

三要建立培训联盟机制。进修学校在开展培训中,可以放大视野,建立培训联盟,搭建培训资源共建共享共用平台。一方面,可以牵头将本县域内高校、相关部门等组成教师培训联盟,建立高效的培训机制。另一方面,可以与县域外的培训机构建立培训联盟,在更大范围内整合各培训机构优质培训资源,建立各学科培训资源库、培训课程资源库,实现更大范围的优质培训资源共享共用。

四要建立学习共同体机制。进修学校在培训组织管理中,不仅要搞好直接组织的培训活动,还要善于通过组织县域内的"学习共同体"实施培训学习活动。比如可牵头组织县域内的城乡学校、优质校与薄弱校的对口学习共同体,组织优质校的互学共研学习共同体,组织学科教师的学习共同体等,构建新的、更具针对性的培训机制,建立相应的教师"学习场",努力把培训工作做得生动活泼、更富有成效。

4. 创新培训管理机制。培训管理是实现培训目标的各种职能活动。在培训管理上,应着重建立和完善三个机制。

一要建立教师培训学分管理机制。要求教师在五年周期内修满规定的学分(学时)培训课程。要积极探索建立教师非学历培训与学历教育课程衔接、学分互认的机制,促进教师自主学习、提高自身的综合素质。

二要建立教师培训激励机制。要改变教师培训不培训无所谓的现状,将教师完成培训学分(学时)和培训考核情况作为教师资格再注册、教师考核、评先评优、职称评聘的必备条件和重要依据,充分保护和调动教师参训的积极性,以增强教师自我提高的意识与能力。

三要建立教师培训质量评价机制。要建立教师培训质量评估机制,完善教师培训质量评估体系。及时收集教师及有关部门对培训的要求和意见,建立有效的信息反馈机制,加强培训项目过程评价和绩效评估。要将教师培训工作纳入县级教育督导工作的重要内容之一,对进修学校培训工作进行督导检查,促进培训工作质量的不断提高。

(五)充分发挥县级教师进修学校的整体功能作用

县级教师进修学校要发挥好"小实体、多功能、大服务"的作用,必须实现本校内部力量集合、县域内相关资源整合、省域内进修院校三级功能聚合。

1. 要积极推进进修学校内部力量集合。福建省 84 所县级教师进修学校,教职工总数 2835 人、平均每所 33.75 人,专任教师 2467 人、平均每所

29.37 人。靠这支队伍要开展对全省 7700 多所中小学、30 多万名中小学教师的培训管理、实施与指导工作,力量上是相当不足的。特别是进修学校内因工作需要分设若干机构,有的机构内只有 2~3 人,分至学科,有的学科只有 1 个教研员或培训教师。进修学校各学科教研员或培训老师单兵作战能力很不错,但更多的"单打独斗"使得进修校的整体功能作用未能得到很好发挥。在新形势下,必须重视学校内部力量的集合使用。比如组织开展重大课题研究、开展重要项目改革试验、开展培训等等,都必须重视发挥团队的力量,变个人智慧为集体智慧、变单体力量为集体力量。只有把进修学校内部力量统筹集合使用,才能产生"集聚效应""拳头效应",使进修学校的作用得到更好的发挥。

2. 要积极推进县域内相关资源整合。新型教师进修学校应是县域内相关资源的整合体。福建省 84 所县级教师进修学校中,目前有 74 所进行培训与教研机构的整合,有 26 所进行培训、教研、电教机构的整合,有 10 所进行培训教研、科研、电教、电大等相关资源的整合。要进一步从有利于集中精力研究和实施县域教育发展和教师专业发展出发,按照"小实体、多功能、大服务"的原则,做好县级相关资源整合工作,积极促进县级教师进修学校与电教、教研、教科研等相关部门的资源整合与合作,优化资源配置,真正形成教师发展的有力支持服务体系。县域内相关资源整合工作,不要满足于把人聚在一起,牌子挂在一起,而要真正促成角色意识、行为方式的根本变化。要真正形成县域内的一种合力,努力构建新型的现代教师培训机构,使县级教师进修学校真正成为广大中小学教师终身学习和提高专业水平的重要阵地。

3. 要积极推进进修院校系统力量聚合。辩证唯物主义告诉我们,世界上的事物互相联系、互相依存、互相影响、互相制约、组成一个个系统。在一个系统中,要素功能优不等于整体功能优;要素组合有序,会产生"系统效应",使系统整体功能大于部分功能之和。以培训中小学教师为主的县级教师进修学校与省、市教师进修院校之间互相联系、互相影响,组成了培训系统。发挥培训系统的整体功能作用,对培训工作影响很大。在培训机构设置、管理体制等方面的障碍不能突破的情况下,可考虑省、市、县三级教师培训机构联手,实施"三级联盟"计划,以发挥培训系统的整体优势。首先,实施"三级联盟"计划,是整体求优的需要。许多事实说明,系统内要素之间有序结构的形成,使要素的总和作为一个统一的整体发挥作用,就会产生质的飞跃。实施"三级联盟"计划,有助于在三级教师培训机构之间打通信息通道、资源通道、人才通道、科研通道,有利于实现教师培训系统在集聚中创新、在集聚中发展、在集聚中突破、在集聚中提升。其次,实施"三级联盟"计划,是承接大规模师训、干训任务的需要。开展校长、教师培训是一个庞大的系统工程,实施"三级联盟"计划,有利于发挥培训系统的整体功能,共同落实好政府和教育主管部门提出的培训任务。再次,实施"三级联盟"计划,是提高培训质量的需要。系统的领导方式,有利于形成"更强的生产力""推广最优秀的教育"。实施"三级联盟"计划,有利于加强教师进修院校之间联系交流,互相学习,有利于整合优化教师进修院校的资源配置,加强培训能力建设,提升教师培训质量。

实施"三级联盟"计划,具体可以在教师培训系统开展八个方面合作。即合作制定培训方案、合作建设培训师资库、合作建设培训基地、合作建设教学资源、合作开展调研科研、合作培养名校名师、合作完成培训任务、合作培养培训师资。为了使八个方面的合作得以有效施行,可实行上下联动、任务驱动的办法,加强联系与合作,充分发挥系统的整体优势,努力产生最优功能和最高功能效率。

(六)落实县级教师进修学校发展组织保障

县级教师进修学校的发展,需要政府及相关部门提供强有力的保障。重点应加强"五个保障"。

1. 组织保障。各级政府要把加强县级教师进修学校建设作为贯彻落实国家、省中长期教育改革和发展规划纲要,落实基础教育适度优先发展、落实《国务院关于加强教师队伍建设的意见》的一项重要举措。县级政府要切实负起建设好县级教师进修学校的责任,要把教师进修学校建设列入县域教育事业发展规划统筹考虑,并要制定教师进修学校建设规划,明确有关部门的职能和分工,协调督促有关部门予以落实,促进进修学校的建设与发展。县级教育行政部门要把加强进修学校建设作为加强中小学教师队伍建设、促进基础教育改革和发展的一项重要职能和紧迫任务,采取必要的倾斜政策,加大力度优先抓好,确保进修学校在当地学校建设中逐步达到领先水平。

2. 政策保障。教师进修学校在一个县域内只有一所,政府及教育行政部门有关学校发展的政策往往不会顾及到进修学校,造成进修学校发展中的一些瓶颈问题难以解决。因此,很有必要由省教育行政部门牵头,依据国家有关政策要求,依据本省各类学校的发展情况,制定加强县级教师进修学校的地方性政策法规和具体标准。特别是要在县级教师进修学校的待遇、职称职数、人员进出、装备标准等方面予以倾斜,可明确县级教师进修学校享有当地一级达标中学待遇;在职称职数上予以倾斜高配,使进修学校的高级职称教师占40%以上;在人员进出上用好"县管校用"政策,统筹调配县域内优秀教师到进修学校担任培训教师、教研员;在装备标准上要在中小学校中达到领先水平等等。要为县级教师进修学校发展创造良好的政策环境。

3. 条件保障。县级政府和教育行政部门要按照县级教师进修学校标准化建设条件,做好进修学校建设工作。要把进修学校校舍建设列入县级中小学布局调整规划统筹考虑。对现有校舍面积、建筑面积不达标的,政府和教育行政部门可通过校园置换的方式、可通过在中小学布局调整中调剂使用闲置校舍的方式、可通过统筹规划科学布点实现办学资源共享共用的方式等等,努力扩大进修学校的办学空间。在进修学校的设施设备上,要按照领先的要求予以装备,特别是要加强教育信息基础设施建设,配置先进的教育信息网络系统,使教师进修学校能够充分利用先进技术,开展县域内培训、教研和社会服务工作,在县域教育现代化建设中起示范引领作用。

4. 经费保障。县级政府和教育行政部门要确保教师进修学校的经费来源。教师进修学校建设要以财政拨款为主。县级财政要做到"四个确保",即确保教师进修学校教职工绩效工资、津贴与普通中小学一样由财政核拨,确保进修学校经常性经费,确保进修学校培训专项经费(按教师工资1.5%安排培训专项经费,其中70%以上切块划拨到教师进修学校),确保进修学校基本建设经费。切实保证进修学校开展中小学教师继续教育基本经费来源,并积极探索经费来源的其他有效渠道。

5. 干部保障。要加强教师进修学校领导班子建设。注意选配思想政治素质较高、品德良好、热爱教育事业、懂得教育规律、熟悉中小学管理、熟悉教师工作、熟悉培训与教研,有培训专业化理念,有较高的政策水平和专业能力,管理经验丰富、富有事业心、责任感和改革创新精神;具有大学本科以上学历并具有高级职称;具有团结协调精神、作风民主的同志担任进修学校主要负责人或进入领导班子。县级教师进修学校领导班子正副职一般3人左右,平均年龄不超过50岁。领导班子实行任期目标责任制,每个任期5年左右,制定工作目标要求,激励进修学校领导班子认真履职搞好进修学校建设,为县域内基础教育改革发展服务、为提升中小学教师队伍素质发挥积极的作用。

课题项目负责人:赵素文

主要参加人:高培青　徐毅明　范光基

张平忠　严必锋　蔡丽红

参考文献

1.《国家中长期教育改革和发展规划纲要(2010—2020)》

2.《国务院关于加强教师队伍建设的意见》

3.《教育部关于加强县级教师培训机构建设的指导意见》,2002 年

4.《教育部办公厅关于开展示范性县级教师培训机构评估认定工作的通知》

5.《福建省中长期教育改革和发展规划纲要(2010—2020)》

6.《福建省人民政府关于进一步加强中小学教师队伍建设的意见》,2008年

7. 吴卫东.《教师专业发展与培训》.杭州:浙江大学出版社,2005 年

8. 汪青松.《社会转型与教师教育改革》.北京:中国科学技术大学出版社,2010 年

9. 梁国平.《教师培训的实践与研究》.北京:北京邮电大学出版社,2003 年

10. 曾晓东.《中国中小学教师发展报告(2012)》.北京:社会科学文献出版社,2012 年

11. 王豫生.《中小学教师队伍建设研究》.上海:上海人民出版社,2012 年

12. 张学证.《县级教师进修学校职能转变中的问题研究》.西南大学硕士学位论文,2008 年

13. 王业刚.《县级教师培训机构的职责定位和发展思路》.《现代教育科学小学教师》,2011 年第 04 期

14. 金李胜.《县级教师进修学校职能转变与拓展的思考》.《中小学教师培训》,2007 年第 05 期

15. 孟令君.《整合教育资源,建设新型进修学校》.《教育实践与研究(小学版)》,2007 年 21 期

16. 殷玉坤.《县级教师进修学校功能衍变与结构优化研究》.《内蒙古教育》,2011 年 06 期

17. 郑新蓉、黄力.《县级教师进修学校:新形势下的职能定位》.《人民教育》,2007 年第 05 期

18. 曹亚华.《专业化进程中县级教师进修学校的问题与对策》.《南京师范大学学报》,2007 年

19. 解国祥.《县级教师进修学校的生存困境与管理策略》.《南京师范大学学报》,2005 年

20. 殷玉坤.《县级教师进修学校教师培训有效性研究》.《延边大学学报》,2011 年

后　记

　　由福建教育学院余建辉院长主编的《福建省中小学教师队伍建设研究》一书付梓出版,本书对于推动全省中小学教师队伍建设,推动福建省素质教育发展,推动办好人民满意的教育具有重要意义。

　　本书是福建省教育厅委托的四个课题、2012 年度福建省社科规划研究课题的成果汇编。其中,《福建省中小学校长队伍发展研究报告》以福建教育学院副院长黄家骅为组长,通过调研分析福建省中小学校长队伍发展现状、问题及原因分析,提出中小学校长发展思路与对策,以及保障措施。《福建省中小学教师队伍建设及培训体系研究报告》以福建教育学院副院长郭春芳为组长,深入 24 个县(市、区)开展问卷调查和访谈,深入分析我省中小学教师队伍建设现状和培训工作,提出加强福建省中小学教师培训工作的对策建议。《福建省中小学教师职业道德建设调研报告》以福建教育学院院长余建辉为组长,面向教师、学生和家长三个群体,对我省中小学教师职业道德现状和职业道德建设情况开展调研,分析了中小学教师职业道德建设的现状和经验教训,提出加强福建省中小学教师职业道德建设的对策思考。《福建省县级教师进修学校建设研究报告》以福建教育学院党委书记赵素文为组长,在对福建省县级教师进修学校现状及存在问题进行分析的基础上,提出加强县级教师进修学校建设的对策建议。

　　在本书编印过程中，我们得到时任省教育厅厅长鞠维强，时任省委教育工委副书记、副厅长郑传芳，省教育厅副厅长曾能建等领导的关心和支持。在课题论证会中，省教育厅人事处陈丽英、高培青、严必锋、许四清等同志亲临指导，并提出很多宝贵意见。本书成形后，福建省教育学会王豫生会长欣然执笔，为书作序，让此书更增厚重。福建教育学院党委书记赵素文，院长余建辉，副院长黄家骅、郭春芳及各参与课题研究的成员付出很多心血。全省各设区市和县区进修院校及有关中小学在课题调研过程中提供了诸多方便和大量资料。在此，我们一并表示衷心感谢！

"梦山丛书"编委会

2015 年 7 月

图书在版编目(CIP)数据

福建省中小学师资队伍建设研究报告/余建辉主编.—厦门:厦门大学出版社,
2015.9
(福建教育学院梦山丛书)
ISBN 978-7-5615-5701-3

Ⅰ.①福…　Ⅱ.①余…　Ⅲ.①中小学-师资培养-研究报告-福建省　Ⅳ.①G635.12

中国版本图书馆 CIP 数据核字(2015)第 186120 号

官方合作网络销售商:　dangdang　dd.com　　亚马逊 amazon.cn　　JD.COM 京东

厦门大学出版社出版发行

(地址:厦门市软件园二期望海路 39 号　邮编:361008)
总 编 办 电 话:0592-2182177　传真:0592-2181406
营销中心电话:0592-2184458　传真:0592-2181365
网址:http://www.xmupress.com
邮箱:xmup @ xmupress.com
厦门市明亮彩印有限公司印刷
2015 年 9 月第 1 版　2015 年 9 月第 1 次印刷
开本:720×970　1/16　印张:11.25　插页:2
字数:210 千字
定价:28.00 元
本书如有印装质量问题请直接寄承印厂调换